二战经典**战役**系列丛书

绞杀库尔斯克

白隼　编著

图文版

北方联合出版传媒(集团)股份有限公司

万卷出版公司

ⓒ 白隼 2018

图书在版编目（CIP）数据

绞杀库尔斯克 / 白隼编著. — 沈阳：万卷出版公司，2018.8

（二战经典战役系列丛书）

ISBN 978-7-5470-5040-8

Ⅰ．①绞… Ⅱ．①白… Ⅲ．①库尔斯克会战（1943）－史料 Ⅳ.①E512.9

中国版本图书馆CIP数据核字（2018）第183257号

出 品 人：刘一秀
出版发行：北方联合出版传媒（集团）股份有限公司
　　　　　万卷出版公司
　　　　　（地址：沈阳市和平区十一纬路25号　邮编：110003）
印 刷 者：辽宁新华印务有限公司
经 销 者：全国新华书店
幅面尺寸：170mm×240mm
字　　数：208千字
印　　张：14.5
出版时间：2018年8月第1版
印刷时间：2018年8月第1次印刷
丛书策划：陈亚明　李文天
责任编辑：赵新楠
特约编辑：吴海兵
责任校对：张希茹
装帧设计：亓子奇
ISBN 978-7-5470-5040-8
定　　价：49.80元
联系电话：024-23284090
传　　真：024-23284448

前　言

　　1931 年 9 月 18 日，日本关东军在沈阳制造了九一八事变，日本帝国主义的魔爪开始伸向有着五千年文明的中华大地，中国最屈辱的历史从此开始。1939 年 9 月 1 日，希特勒独裁下的德国军队闪击波兰，欧洲大地不再太平，欧洲人的血泪史从此开始书写。一年后，德国、意大利、日本三个武装到牙齿的独裁国家结盟，"轴心国"三个字由此成为恐怖、邪恶、嗜血的代名词。

　　德、意、日三国结盟将侵略战争推向极致。这场战争不仅旷日持久，而且影响深远。人类自有战争以来从未有过如此大规模、大杀伤力、大破坏力的合伙野蛮入侵。"轴心国"的疯狂侵略令全世界震惊。

　　面对强悍到无以复加的德国战车，面对日本军队疯狂的武士道自杀式攻击，被侵略民族不但没有胆怯，反而挺身而出，为了民族独立，为了世界和平，他们用一腔热血抒写不屈的抵抗，用超人的智慧和钢铁意志毫不犹豫地击碎法西斯野兽的头颅。

战役是孕育名将的土壤，而名将则让这块土壤更加肥沃。这场规模空前的世界大战，在给全世界人民带来无尽灾难的同时，也造就了军事史上几十个伟大的经典战役，而这些经典战役又孕育出永载史册的伟大军事家。如果把战役比作耀眼华贵的桂冠，那么战役中涌现出的名将则是桂冠上夺目的明珠。桂冠因明珠而生辉，明珠因桂冠而增色。

　　鉴于此，我们编辑出版了这套《二战经典战役系列丛书》。其实，编辑出版这套丛书是我们早已有之的宏愿，从选题论证、搜集资料、确定方向到编撰成稿，历经六个春秋。最终确定下来的这20个战役可谓经典中的经典，如历史上规模最大的海战莱特湾大战，历史上规模最大的航母绝杀，历史上规模最大、最惨烈的库尔斯克坦克绞杀战……我们经过精心比对遴选出的这些战役，个个都特色鲜明，要么让人热血沸腾，要么让人拍案叫绝，要么让人扼腕叹息，抑或兼而有之。这些战役资料的整理花费了我们相当多的时间和精力，兴奋、激动、彷徨、纠结，一言难尽。个中滋味，唯有当事人晓得。

　　20个战役确定下来后就是内容结构的搭建问题。我们反复比对已出版的类似书籍，经过研究论证，最终形成了自己的特色。历史拐点（时间点）往往是爆发点，决定历史的走向，而在这个历史拐点上，世界上其他地方正在发生什么？相信很多人对此都会比较感兴趣。因此，我们摈弃了传统的单纯纪事本末叙述方式，采用以时间轴为主兼顾本末纪事的新颖体例。具体来说，就是在按时间叙事的同时，穿插同一时间点上其他战场在发生什么，尤其是适当地插入中国战场的情况，扩大了读者的视野。

　　本套丛书共20册，每册一个战役，图文并茂，具有叙事的准确性与故事的可读性，并以对话凸显人物性格和战争的激烈与残酷。每册包含几十幅精美图片，并配有极具个性的图说，以图点文，以文释图，图文相得益彰。另外，本套丛书还加入了大量的原始资料（文件、命令、讲话），并使其自然融入相关内容。这样，在可读性的基础上，这套丛书又具备了一定的史料价值，历史真实感呼之欲出，让读者朋友不由自主地产生一种穿越的幻觉。

本套丛书的宗旨是让读者朋友在轻松阅读的同时，对第二次世界大战有一个整体的认知，力求用相关人物的命令、信件、讲话帮助读者触摸真实的历史、真实的战场，真切感受浓浓的硝烟、扑鼻的血腥和二战灵魂人物举手投足间摄人心魄的魅力。

品读战役，也是在品读英雄、品读人生，更是在品读历史。战役有血雨腥风，但也呼唤人道。真正的名将是为阻止战争而战的，他们虽手持利剑，心中呼唤的却是和平。相信读者朋友在读过本套丛书后，能够对战争和名将有一个不一样的认识。

最后，谨以此书献给那些为和平、为幸福奋斗不息的人们！

目　录

第一章　战争魔鬼

希特勒颁布了《保卫帝国总动员令》，
征召大量军工企业和交通运输业的工业并把
动员对象扩大到 16 岁至 65 岁的男子和 17
岁到 45 岁的女子，可以说凡是拿得动武器
的人都在被征召范围。

◎ 斯大林震怒了

1942年夏天，正是德意志第三帝国元首阿道夫·希特勒自我感觉最好的时期。地中海似乎已经成了德国和意大利的内海，这两个国家拥有北岸从西班牙到土耳其的大部分土地，在南岸拥有从突尼斯到尼罗河的广大地区。德军占据着北起北冰洋挪威的北角、南到埃及、西至大西洋的布列斯特、东至伏尔加河南岸的广大区域。

几个月前，德军在莫斯科会战中初尝败绩，希特勒闪击战的威力受到挑战。尽管如此，这位拥有绝对权力的帝国元首依旧不可一世，他不可能把苏联人放在眼里，他将战败的原因归结为莫斯科的寒冷的天气。在希特勒看来，德军仅仅伤了皮毛而已，消灭苏联仍然有十足的把握。

在这一年，德国海军的潜水艇平均每个月在大西洋击沉70万吨的美英盟军船只，美国和英国的造船厂即便开足马力加紧生产，也弥补不了这个损失。希特勒认为在这种情况下就算从西线向东线的苏联战场抽调大量兵力，美英盟军也没有能力在英吉利海峡搞事。

令希特勒兴奋不已的事情还不止这些，德国情报部门的一份报告说，苏联在整个前线的后备力量几乎消耗殆尽。希特勒对这份报告深信不疑，他在3月15日举行的庆祝英雄纪念日大会上，发誓一定要在今年夏季消灭苏联红军。于是，这位被胜利冲昏头脑的战争狂人给德国国防军下达了第45号作战密令，要求德军同时进攻斯大林格勒和高加索的产油区。许多陆军将领对希特勒的决定持反对意见，认为德国缺乏人力、枪炮、坦克、飞机和运输机等各种资源，没有足够的力量进行如此大规模的战争。

希特勒一心要做世界的主宰，下属的意见自然不会被他采纳。他认为，斯大林格勒位于伏尔加河流域，靠近伏尔加河与顿河交界处，是苏联重要的战略和工业中心。如果摧毁了苏联这个工业心脏，那么整个国家的工业生产将陷入停滞，他们的坦克就再也开动不起来。到那个时候，德国战车便可以横冲直撞，一往无前，直至完全征服苏联。

4月5日，希特勒签发了第41号作战指令，吹响了向斯大林格勒、高加索地区疯狂进攻的号角。指令要求：一旦天气及地面条件许可，德军将入高加索，夺取那里的油田，同时向斯大林格勒推进。按照希特勒的意图，向斯大林格勒发起进攻，是为了保证夺取高加索战役的顺利进行。这个作战指令反映出纳粹德国迫切需要燃料和粮食。毕竟国内的青壮年劳动力大多数已开赴战场，掠夺战略资源弥补亏空已成为维持纳粹德国这台战争机器运转的需要。

负责主攻斯大林格勒的是德国的B集团军群，其主力是保卢斯的第六集团军和霍特的第四装甲集团军。保卫斯大林格勒的苏军是斯大林格勒方面军所属的第六十二、第六十三、第六十四和第二十一集团军。

5月8日，由曼施坦因指挥的第十一集团军向克里木发起进攻。在轰炸机的掩护下，德军坦克横冲直撞，很快便冲破了苏军的防线。

5月10日凌晨3点，斯大林与克里木方面军司令员科兹洛夫直接通了电话。斯大林通过大本营代表梅赫利斯和科兹洛夫了解到了前线形势的严峻，他当即命令，把第四十七、第五十一集团军以及第四十四集团军余部撤到"土耳其堡垒"，重新组织防御，避免陷入德军包围。

5月11日23时50分，苏军最高统帅部大本营致电北高加索方面军司令员布琼尼元帅，请他马上到克里木方面军司令部，敦促梅赫利斯和科兹洛夫迅速撤到"土耳其堡垒"，在那里整顿退却的部队并组织新的防御。训令中指示："要运用一切防御手段，将德军拦截在'土耳其堡垒'一线，不许德军向东推进。"

此时的德军攻势凶猛，志在必得。苏军克里木方面军经过苦战，难以支撑，不得不撤向刻赤地区。

5月16日，德军占领刻赤半岛，17万苏军成了俘虏，海滩上堆满了苏军各种车辆、大炮。要知道，当时苏联守军人数是德军3倍，共有3个集团军，其中包括17个步兵师、3个步兵旅、2个骑兵旅、2个骑兵师和4个独立装甲旅。科兹洛夫根本没有想到组织防御，在德军进攻的前一天，这些方面军司令员还在召开军事会议讨论如何夺取科伊－阿桑的进攻计划。

如此雄厚的兵力竟然被德军打得满地找牙，斯大林自然十分震怒，立即将统帅部代表梅赫利斯、方面军司令员科兹洛夫撤职降衔，并于6月4日发出训令，要求各方面军吸取教训："熟悉现代战争的性质，必须把部队做纵深梯次配置及建立预备队。"

6月，德国两个集团军群上百万兵力开始向顿河和伏尔加河地区发动猛烈进攻。经过一番激战，德军重新夺回了战争的主动权，步步紧逼。6月28日，希特勒集结了大量坦克、装甲车和步兵准备发起斯大林格勒战役。

7月12日，苏军最高统帅部紧急组建了斯大林格勒方面军，下辖第二十一、第六十二、第六十三、第六十四集团军和空军第八集团军。后来，该方面军增编了第二十八、第三十八、第五十七、第五十一、第六十六、第二十四集团军，近卫第一、第二集团军，突击第五集团军，坦克第一、第四集团军，空军第十六集团军。同日，苏联西南方面军被撤销。

7月17日拂晓，德军第六集团军开始向斯大林格勒方向发起进攻。此时，苏军斯大林格勒方面军防守在顿河中游一线的克列茨卡亚至上库尔莫亚尔斯卡亚大弯曲部。第六十二集团军第一九二师第六七六团在顿河草原的普罗宁村与德军第六集团军的先遣部队遭遇。第六七六团官兵凭借有利地形顽强抵抗，德军投入了大量增援部队，双方展开了惨烈的激战。

苏军第六七六团有被围歼的危险，于是开始向后撤退。潮水般的德军向顿河大弯曲部猛扑过来。德军在西南方向突破苏军防线后，斯大林格勒方面军奉命在顿河大弯曲部防守，阻击德军进入伏尔加河一带。这场规模不大的遭遇战揭开了斯大林格勒大会战的序幕，很快吸引了全世界人的目光，并逐渐演变成影响二战进程的一场转折性战役。

◎ 第 227 号命令

7 月 28 日，斯大林以国防人民委员会的名义颁布了第 227 号命令。命令毫不隐讳地指出了国家面临的致命危机，要求红军指战员停止后退，坚决顶住德军的攻势。命令内容摘要如下。

敌人不惜一切代价向前线增派新锐部队，拼了命地发动攻势，向我腹地扑来，侵占我们的土地，抢劫我们的城市和乡村，奸淫妇女，劫掠与杀害我国人民。

战斗在沃罗涅日地区，在顿河流域，在南方，在北高加索大门口激烈展开。德军扑向斯大林格勒，扑向伏尔加河，妄图不惜一切代价占领拥有丰富石油资源和粮食的北高加索和库班河流域。

敌人占领了伏罗希洛夫格勒、斯塔罗别尔斯克、罗索希、库皮扬斯克、瓦卢伊基、诺袄切尔卡斯克、罗斯托夫及半个沃罗涅日……乌克兰、白俄罗斯、波罗的海沿岸、顿巴斯和其他地区沦陷后，我们的国土急速缩小，人口、粮食、金属、厂矿亦减少了很多。7000多万同胞丧失了生命，每年还要损失8亿普特（笔者注：普特是当时苏联使用的一种计量单位，1普特=40俄磅≈16.38千克）粮食，1000多万吨金属。

当前，我们没有了人力后备和粮食储备优势，后退就等于自杀，等于亡国。

我们每丢掉一寸土地，等于是给敌人增添了一分力量，而对我们的国防乃至祖国则是一种极大的削弱。鉴于此，我们一定要彻底清除无休止的退却论，清除我国地广物丰、人口众多论以及粮食有余论。这些论调是虚伪的、有害的，只能起到瓦解自己斗志、助长敌人威风的作用。我们如果不停地后退，就会失去粮食、燃料、金属、原料、工厂和铁路。

由上可知，是时候停止撤退了。不许后退一步，应成为我们的主要口号。我们要不怕流血牺牲，顽强死守每一个阵地、每一寸土地，直至最后一息。

祖国处在危难之际，我们首先要站稳脚跟，然后不惜一切代价击退并消灭敌人。法西斯德国的军队并不像惊慌失措的人想象得那样强大，他们是在做最后的挣扎。当下及近几个月内顶住敌人的突击意味着胜利将属于我们。我们能否顶住敌人的攻击，并将其赶回西边去呢？当然能，我们会做到的，因为我们后方的工厂干得很出色，前方能够补充到越来越多的飞机、坦克、火炮和迫击炮。

那么，我们还缺些什么呢？我们连、营、团、师，坦克部队和飞行大队里的秩序和纪律不够好。这是我们眼前的主要缺点。如果我们真想挽回局势，真想捍卫祖国，就应该在军队建立起严格的秩序和纪律。

对惊慌失措者和胆小怕死者不能心软，应就地枪决。今后，没有上级首长的命令，不准后退一步，这个要求应成为每个红军指挥员、战士、政治工作人员铁的纪律。

本命令要求在所有连队、骑兵队、炮兵连队、空军中队、指挥部和指挥总部范围内朗读。

第227号命令对苏军士气产生了巨大的影响，各级党团组织结合当时的任务向军人们宣讲了命令的内容。第六十四集团军司令员舒米洛夫后来回忆道："命令一到，马上向全体指战员作了传达，以便部队能够正确理解命令的内容。""集团军所属各部队再没有发生过没有接到命令便放弃哪怕一寸土地的情况。就像第一二六师，许多人阵亡在防御区内。在师长带领下，没有命令就无一人后退。"

8月7日，鉴于斯大林格勒防御地带宽达800公里，不利于指挥，苏军最高统帅部将斯大林格勒方面军分解为斯大林格勒方面军和东南方面军。此时的斯大林格勒方面军下辖第六十三、第二十一、第六十二集团军和坦克第四集团军、空军第十六集团军。在斯大林格勒保卫战中，斯大林格勒方面军、东南方面军和顿河方面军协同作战，顽强地守住了市区，并为斯大林格勒大反攻创造了有利条件。

8月8日，德军占领了苏联年产250万吨石油的迈科普油田。

8月17日，德军发动了大规模的钳形攻势。经过7天7夜战斗，德军一度逼近伏尔加河，将苏军切成两段。德军飞机对斯大林格勒狂轰滥炸，一昼夜就出动了 2000 架次，全城变成一片火海。

8 月 21 日，德军占领高加索的最高峰布鲁斯山。两天之后，保卢斯的第六集团军进抵斯大林格勒北面的伏尔加河地区。

8 月 25 日，克莱斯特的第一装甲集团军进驻莫兹多克，距格罗兹尼的苏联最大产油中心仅 80 公里，距里海也只有 161 公里。

9 月初，德军从斯大林格勒西南方向发起猛攻。9 月 4 日，德军抵达斯大林格勒外围。希特勒在柏林满怀信心地对外宣布斯大林格勒战役以德军的胜利圆满结束。

然而，希特勒再一次低估了苏联的战争潜力，特别是轻视了朱可夫的军事才能。朱可夫这位临危受命的苏军"救火队长"，花了大量的时间来研究德军的战略战术。早在上任之初，朱可夫在视察了前线作战之后，就得出了这样一个结论：以现有的兵力和部署不可能突破德军的战斗队形。要赢得战役的胜利，应继续积极防御疲惫德军，同时着手准备反攻，围歼斯大林格勒地区的德军。同时，朱可夫还注意到德国步兵常常在空军的支援下发起攻击。每次进军前，总是空军的轰炸为其开路。朱可夫找到了对付德军最好的办法，那就是"跟敌人靠得尽可能近"，并诱使德国步兵进入极短的射程内，这样德国空军就会因为担心炸到自己人而被迫放弃轰炸。这样也就意味着苏军跟德军的战斗要在斯大林格勒的大街小巷里展开。

9 月 13 日，苏德双方展开了极为酷烈的巷战。希特勒直接投入斯大林格勒市区的兵力达 13 个师。苏军斯大林格勒方面军虽然有 6 个集团军，但每个师严重缺员，防守市区的苏军仅有 9 万人。朱可夫组织了高度机动的"暴风队"，每一队人数尽管不多，但是都配备手榴弹、机关枪和反坦克炮等武器，在闪电般的攻击结束后，可以很快消失在瓦砾碎石后面。这时，德军的坦克失去了用武之地。窄窄的街道上，当它们身后或侧面受到攻击时，很难迅速掉头。加之枪炮缺乏仰升装置，无法向建筑物上方的目标开火，而在那里，苏军的反坦克炮正好可以向它们瞄准。同时，苏联隐藏的狙击手经常神出鬼没地射击德军，令其胆战心惊。

如此一来，斯大林格勒的街道和广场变成了血腥的屠杀场。为了争夺一个街区、一条街道、一幢房屋甚至一层楼或一个房间，双方展开了反复的争夺。大部分时间，交战双方靠得非常近，以至于彼此可以隔街对骂。有时，一次战斗连续几天都围绕着有战略意义的建筑展开，经常出现战斗前阵地还在自己手里，战斗后却属于对方暂管的情况。第1火车站在一周之内13次易手。战斗的残酷可想而知，瓦砾废墟上横七竖八地躺满了战士的尸体。为此，一名德国军官在日记中写道："斯大林格勒不再是一座城市，而是一个杀人炉灶。""这里的街道不再是用米来计算，而是用尸体来计算。"

◎ 杀马喝雪水

从 9 月份开始，斯大林格勒会战打得越来越激烈，德军遇到了苏军空前强悍的抵抗。德军高级将领中反战的声音越来越高。为了确保野心勃勃的征服计划顺利进行，希特勒撤了参谋总长哈尔德和陆军元帅李斯特的职，并由他本人亲自兼任 A 集团军群总司令。

9 月 28 日，斯大林格勒方面军改番号为顿河方面军，东南方面军改番号为斯大林格勒方面军。此时的斯大林格勒方面军下辖第二十八、第五十一、第五十七、第六十二、第六十四集团军和空军第八集团军。后来，突击第五集团军和近卫第二集团军也转隶斯大林格勒方面军。

10 月中旬，恼羞成怒的希特勒开始向斯大林格勒发动更为猛烈的进攻。月底，苏德双方军队均已筋疲力尽，战斗渐渐停了下来。保卢斯的第六集团军已经没有力量继续发动大规模攻势了。

然而，苏军毅然顽强地守卫着斯大林格勒的每一寸土地，德军每前进一步都要付出巨大的代价。11月上旬，德军似乎已经占领了这座城市，却始终攻不下苏军的每一个防御阵地。在苏德双方激烈的市区巷战期间，苏联最高统帅部就已经制订出了斯大林格勒会战的反攻计划。根据计划，苏军参加反攻的兵力有斯大林格勒方面军、顿河方面军和新组建的西南方面军，共110万人，配有新式的T-34坦克和威力强大的"喀秋莎"火箭炮。德军B集团军群集结了80个师，近100万人，但是掩护其南翼的是罗马尼亚第四集团军，掩护其北翼的是罗马尼亚第三集团军、意大利第八集团军和匈牙利第二集团军。这些轴心国军队的装备较差，战斗力很弱。

苏联时期的"喀秋莎"火箭炮

11月19日凌晨，苏军西南方面军开始在斯大林格勒的西北方向展开反攻。苏军以坦克部队为先导，迅猛地冲向罗马尼亚第三集团军的阵地。3天之内，苏军的34个师渡过顿河。之后，兵分两路，一路向西疾驰，直捣敌军的后方；另一路直奔德军的集聚点卡拉奇，并于11月23日晨占领该市。

11月20日拂晓，斯大林格勒正南方向的苏军斯大林格勒方面军也发起了反攻，突破罗马尼亚第四集团军的防线后继续北上，于 11 月 23 日傍晚在卡拉奇与苏军西南方面军会师，把斯大林格勒地区的德军 22 个师约 30 万人合围。当天晚上，德军第六集团军司令保卢斯向希特勒发了一份电报，内容是部队已经被苏军包围了。希特勒立即回电，指示保卢斯把司令部迁入斯大林格勒城内，布置困守，由空运解决部队的给养问题。

然而，被苏军切断退路的有 20 个德军师和 2 个罗马尼亚师，每天至少要消耗 750 吨物资。此时，苏联空军已经牢牢掌握了制空权，加上风雨交加的天气，运输机缺乏的空军是无论如何也完不成任务的。

11 月 22 日，苏军最高统帅部重新组建西南方面军，下辖第二十一、第六十三集团军、坦克第五集团军以及空军第十七集团军。随后编入的有突击第五集团军和第六、第十二、第四十六、第五十七、第六十二集团军，坦克第三集团军，空军第二集团军。

11 月 23 日，苏联斯大林格勒方面军、西南方面军在伏尔加河和顿河的两河之间包围了 33 万德军。

11 月 25 日，希特勒将曼施坦因从列宁格勒前线调来，并委任他担任新组建的顿河集团军群总司令，为第六集团军解围。曼施坦因以第四装甲集团军为前锋，向东北进攻，夹击处于两支德军之间的苏联军队。希特勒不同意被围困的第六集团军从伏尔加河撤退，要求其留在斯大林格勒，这也就是说曼施坦因必须杀开一条血路，打到斯大林格勒。

12 月 12 日，德军顿河集团军群开始沿铁路线北上，不顾重大伤亡，向斯大林格勒方向发起冲击。然而，另一支苏军于 12 月 16 日从马蒙附近发起了新的攻势，粉碎了意大利第八集团军之后，南下直插德军顿河集团军群的后方。总司令曼施坦因发现自身难保，于 12 月 23 日停止北上，开始后撤。如此一来，希特勒的解围计划彻底破灭，被围困的第六集团军回天乏术。

此时，苏联严冬的寒风袭击了南部草原，积雪成堆，气温降到零摄氏度以下，德军第六集团军的处境越来越艰难。他们的坦克因缺少燃料不能开动，大炮缺少炮弹，马匹被杀光吃光，渴了只能喝雪水。

进入 1943 年，苏德战场出现了根本性转折，形势越来越有利于苏军。苏军最高统帅部计划在苏德战场的整个南翼发起大反攻，在顿巴斯和罗斯托夫方向继续扩大战果。苏军的矛头直指德军"顿河""B""A"三个集团军群。同时，苏军最高统帅部还计划在西北和西部发动大规模反攻。苏军在最高统帅部的统一指挥下，在列宁格勒至高加索的广大战线上开始了大规模的反攻。早在 1942 年 12 月，德军陆军总参谋长蔡茨勒就向希特勒建议，德军应该撤离高加索。为了保证罗斯托夫以北顿河右岸的安全，希特勒不允许 A 集团军群从高加索完全撤军，只同意逐渐撤到马内奇河和库班河沿岸。由于苏军有可能从后面包围 A 集团军群，希特勒下令撤出高加索东南部的部队，加强黑海沿岸和山区的防线，并计划先将第一装甲集团军从纳尔奇克、莫兹多克撤离。顿河集团军群负责在罗斯托夫以东拦截苏军。

◎ 为征服，全民动员

1943年1月1日，苏军斯大林格勒方面军改番号为南方面军，仍由叶廖缅科担任司令员、赫鲁晓夫担任政治委员，南方面军的防线位于顿河与马内奇运河之间，宽达144公里。南方面军突击第五集团军和近卫第二集团军已经靠近德军顿河集团军群司令部。德军顿河集团军群司令部的驻地离诺沃切尔卡斯克较近，离罗斯托夫不足48公里。

德军顿河集团军群的部队很难守住罗斯托夫大桥，该桥不仅是高加索的A集团军群也是霍特的第四装甲集团军和罗马尼亚第四军输送补给品的主要通道。

叶廖缅科奉命进攻罗斯托夫和萨尔斯克，以切断高加索的德军A集团军群的退路，但苏军近卫第二集团军和突击第五集团军遭到德军第四装甲集团军的猛烈阻击。在攻打集莫夫尼基时，东南翼的苏军第五十一集团军和第二十八集团军遭到德军党卫军"诺曼人"师、第十六摩托化师和其他部队的猛烈阻击。

叶廖缅科立即向最高统帅部大本营报告，部队距离铁路运输终点站已超过320公里，而且方面军的装甲部队缺少350辆坦克。远在南翼和东南翼的苏军南高加索方面军仍分为两个孤立的集群，即诺沃罗西斯克附近的彼得罗夫黑海集群和里海附近的马斯连尼科夫北部集群。该方面军面对德军A集团军群的强大压力，而南高加索没有什么可用的公路。在冰雪融化期，就连步兵在南高加索地区也几乎无法通行。增援彼得罗夫的黑海集群十分困难，部队和装备必须沿高加索的山间道路运输。苏军黑海集群的任务是负责切断德军A集团军群在塔曼半岛的退路。他们使用骡马等运输工具，边走边修路，推进速度缓慢。当黑海集群走出山区时，突然泛滥的库班河淹没了草原。德军A集团军群分批撤退时，苏联南高加索方面军趁机追击，但是德军仍然逃脱了被围歼的厄运。

在苏军斯大林格勒方面军围歼德军第六集团军的同时，戈利科夫率领的沃罗涅日方面军计划对德军发动进攻。沃罗涅日方面军的进攻目标为哈尔科夫和顿涅茨盆地，其进攻正面从利夫内至坎帖米罗夫卡，宽达480公里。列伊特率领的苏军布良斯克方面军从北面、瓦图丁率领的西南方面军从南边发动进攻，协同沃罗涅日方面军作战。

苏军最高统帅部批准沃罗涅日方面军进行为期3个星期的战前准备。苏军侦察兵从空中和许多靠近匈牙利部队阵地的观察所与指挥所进行侦察。沃罗涅日方面军司令员戈利科夫严禁各集团军进行战斗侦察和出动战斗搜索组。他得到可靠情报："匈牙利部队防线由两个防御地带组成，一个防御地带的纵深仅为6公里，另一个为1～19公里。"由于匈牙利部队消极防御，所以戈利科夫把次要方向上的火炮和迫击炮几乎集中到了主攻方向，使主攻方向上每公里正面的火炮和迫击炮达到 125 门左右。各种口径的火炮均做好了摧毁敌军支撑点的准备。由于草原地带缺少遮蔽物，苏军只能在夜间通过 160 多公里的路程进入前线。苏军的保密措施十分有效，匈牙利部队误以为苏军兵力消耗殆尽。

1 月 7 日，匈牙利第二集团军参谋长科瓦奇向匈牙利统帅部发了一份电报，说苏军不可能对他的阵地发动任何进攻。

1 月 8 日早晨，苏军 3 名青年军官带着一面白旗，进入了德军防线，把一份最后通牒交给第六集团军司令保卢斯，要求德军投降。这份通牒中的条件是：所有被俘人员一概发给"标准的口粮"，伤病员和冻伤人员将得到医治，所有被俘人员可以保留他们的军衔、勋章和个人财物。通牒要求保卢斯在 24 小时内给予答复。保卢斯当即将投降的请求呈报希特勒，但被希特勒立即驳回。

1 月 10 日，苏军对德军阵地发动猛烈攻击，斯大林格勒会战进入最后阶段。同一天，希特勒在大本营会见了罗马尼亚元首安东内斯库。希特勒对安东内斯库说德军一定能够打败苏联军队，同时要求他在罗马尼亚建立新部队，这些部队应于 1944 年到达苏联战场。同时，德国替换了驻罗马尼亚统帅部的德国将军，以缓解德罗两军之间的紧张关系。后来，安东内斯库再次与希特勒见面。希特勒拿出德国情报机构掌握的资料，指责罗马尼亚想背叛德国，逼安东内斯库下台。结果两人争吵起来，安东内斯库要求希特勒与英美进行和平谈判，以便集中兵力对付苏联，遭到希特勒的拒绝。

1 月 12 日，苏联沃罗涅日方面军司令员戈利科夫派出的试探性侦察导致匈牙利军队乱成一团，苏军趁机突入匈牙利军防线 4 公里。

1月13日，希特勒首次宣布德国进入全面战争，制定了许多旨在发展经济的政策用来支撑越来越疯狂的战争。希特勒将德国民众每周的工作时数增加到80小时，减少免服兵役的学生数量，甚至要求妇女加入劳动大军，以此显示对祖国的忠诚，同时还能增加前线男兵的数量。德国政府估计需要80万人补充在1942—1943年冬季攻势中损失的兵员，因此采取措施增加新兵数量，开始征召1925年出生（年满18岁）的学生。此外，还征召许多在国内从事某些重要职业的人员，他们中的许多人因为前线急需兵力而失去了免服兵役的权利。尽管如此，新招募的兵员仍远远不够所需的80万人，德军决定再征募20万年龄稍大的兵员。在初期，有一半人的年龄在21～37岁和38～42岁之间，但是德军领导人意识到要想在短期内实现征召目标是不可能的，于是转而征召年龄更大一些的人。首先是征募40多岁的人，后来索性征募50多岁甚至年纪更大的人，以弥补兵员的严重不足。

希特勒还下令征召那些生活在占领区的德国老年人，甚至征募外国人和战俘，将这些人用作预备役和铁道部队，把"真正"的德国人替换出来奔赴前线。在征募外国人与战俘的同时，还有一些经历过军营生活的人自愿到德军服役。妇女、青少年（有些只有15岁）和外国人开始在德国各地操作防空武器，更多的成年男子则上了前线。

1月14日，苏军沃罗涅日方面军第四十集团军、坦克第三集团军、空军第二集团军、独立步兵第十八军和骑兵第七军以及西南方面军第六集团军正式发动了奥斯特罗戈日斯克－罗索什战役，其目的是歼灭奥斯特罗戈日斯克、卡缅卡、罗索什一带的匈牙利第二集团军、德军第二十四装甲军和意大利阿尔卑斯步兵军。

苏军进攻中对德军的地雷场首次使用了坦克推动的滚压式扫雷器，效果非常好。苏军火力准备充分，几分钟就摧毁了匈牙利军队炮兵观察所。如此一来，苏军步兵和坦克在进攻中损失非常小。

1月15日，苏军从3个方向突破了匈牙利军队坚守一年的防线。同一天，希特勒颁布了《装备东线军队的总行动命令》。根据这一命令，全部军工产品在近几个月内一律交东线军队支配，务必使"一定数量的师得以加快速度装备现代化兵器，使其成为完全符合要求的进攻兵团"。同时，受过训练的人员和各种最先进的武器要毫不犹豫地调来装备东线作战的部队。然而，德军兵员短缺问题仍然没有得到有效解决。为此，希特勒颁布了《保卫帝国总动员令》，征召大量军工企业和交通运输业的工业并把动员对象扩大到16岁至65岁的男子和17到45岁的女子，可以说凡是拿得动武器的人都在被征召范围。一般情况下，入伍新兵要经过4到6个月的训练后再被派往作战部队，然而由于东线伤亡巨大，德军指挥部只对新兵进行6至8周的训练就派往前线。

德国实行总动员的结果是征召了200余万人。这样，德军才能在1943年上半年新建一些师，并补充了1942年年底到1943年年初的冬季遭受损失的一些兵团。从1943年3月开始，德军开始加速恢复在斯大林格勒附近和北非被摧毁的各师。这样，仅仅上半年时间，纳粹德国就完成了陆军和空军50个师及党卫军4个师的组建和补充任务。然而，尽管补充了新的兵员，但是由于伤亡过重，德军只得被迫缩减步兵师的编制。原来一个师有9个步兵营，而新编步兵师只有6个步兵营，人员也由16859人缩减为12708人。由于增加了自动武器、120毫米迫击炮、防坦克炮和高射炮的数量，新编师的火力有了一定的提高。

◎ 不择手段提高军工产量

1月16日，德国盟友匈牙利部队通信系统陷入瘫痪，只能各自为战。

1月17日，苏军第四十集团军进抵奥斯特罗戈日斯克，与独立步兵第十八军胜利会师。

1月18日，雷巴尔科率领苏军坦克第三集团军与莫斯卡连科率领的第四十集团军在阿列克谢耶夫卡胜利会师。至此，苏军包围了匈牙利第二集团军的大部分兵力、意大利阿尔卑斯步兵军的一部和德军第二十四装甲军、克拉默集群。同日，从波德文尔诺耶向卡缅卡发动进攻的苏军坦克第十二军到达卡尔片科沃，与独立步兵第十八军的阵地连成一片。

这个时候，苏军完全切断了德军的退路。然而，希特勒表示他不想让被围部队从沃罗涅日撤退，同时又不想让第六集团军的历史重演。纳粹德国及其盟友最终选择放弃并烧毁了沃罗涅日城，并趁着暴风雪向西突围，其中大部分部队冒着零下25摄氏度的严寒向雷耳斯克急行军190多公里才逃出包围圈。突围期间，德军的重装备几乎损失殆尽。这次战役，苏军向前推进了140 公里，围歼德军 15 个师，重创 6 个师，俘虏了 8.6 万名德军。苏军在德军防线上撕开了一道 250 公里宽的缺口，为将来的沃罗涅日－卡斯托尔诺耶战役和向哈尔科夫进攻奠定了基础。

1 月 21 日，德军 B 集团军群总司令魏克斯向希特勒报告说 B 集团军群扼守的防线出现了一个宽大的缺口。魏克斯对阻止苏军的攻势没有抱什么希望。当苏军改变进攻路线，绕开所有德军支撑点迂回进攻时，魏克斯绝望透顶。德军第二集团军的处境十分危险，苏军的目标很有可能想通过这一缺口向西南继续进攻，从而切断德军顿河集团军群的撤退之路。希特勒急忙从中央集团军群派来一个步兵师，又从西欧调来党卫军第二装甲军，但增援部队还在半路上。

奥斯特罗戈日斯克至罗索什一线的德国及其盟国的军队被苏军击溃后，德军第二集团军和匈牙利第三军共 12.5 万人被苏联布良斯克方面军和沃罗涅日方面军分别从南北两面合围。苏军计划从南北两面夹攻德军第二集团军，即向卡斯托尔诺耶进行向心攻击，收复沃罗涅日、卡斯托尔诺耶一带，为日后进攻库尔斯克和哈尔科夫创造有利条件。

苏军目的是在长达 74 公里的 4 个地段上突破德国及其盟国军队的防线。苏军在 4 个突破地段集结了两个方面军 70% 的兵力、90% 的炮兵和 100% 的坦克。同时，苏联空军第十五集团军和空军第二集团军一部（527 架飞机）负责空中支援。如此一来，苏军在兵力占有绝对优势，步兵比轴心国军队多 1.3 ～ 3.7 倍，炮兵多 1.6 ～ 8 倍，坦克更是处于绝对优势。炮火准备的持续时间计划为 30 ～ 100 分钟。

1月23日，德军在整个苏联战场仅剩下495辆勉强维持战斗的坦克。除了很少的虎式坦克外，德军没有任何坦克可以对付苏军的坦克。虽然三号和四号坦克加装了装甲裙，并改装了碳化钢的装甲和初速大的火炮，但仍无法与苏军的坦克相抗衡。另外，德军装甲师的编制在不断萎缩，编成内团的数量和编成内营的数量均大量削减。

与此同时，苏军的实力突飞猛进。苏联空军虽然在飞机性能上仍然比不上德国空军，但是他们在改进飞机质量上取得了很大的进步。苏军的KV型坦克和T-34型坦克优于德军的三号和四号坦克，并且大量装备给了部队。苏军的坦克军和机械化军改编成坦克集团军。苏军的最大改进是摩托化，使得苏军各集团军能在冰雪融化的季节进行快速突破。

昔日世界上装备最精良的德军，如今却成了落后挨打的军队，主要装备都是些过时的武器。苏军军官和传令兵乘坐吉普车，而德军军官和传令兵则改为骑马。苏军大量使用先进的6轮传动卡车，而德军只能大量使用轻便马车。昔日全世界耀武扬威的德军，如今被苏军步步紧逼，成了丧家之犬。

希特勒自然很不甘心，于是开始不择手段地提高军工产量，大规模掠夺欧洲占领国的经济和资源。军工生产越来越集中在垄断集团手里。这种做法一度使德国提高了武器装备的产量。德军空军装备了新式的"福克沃尔夫-190"型歼击机和"汉克尔-129"型强击机。截至7月库尔斯克会战爆发前夕，德国及其仆从国在苏联的兵力达到了532.5万人，火炮和迫击炮5.4万门、坦克5850辆、飞机近3000架，232个师中196个为德国师（包括26个装甲和摩托化师）和36个为仆从国师。而当时，德军在非洲战场仅有8个师。

1月24日，苏军第四十集团军的坦克第四军向戈尔舍奇诺耶、卡斯托尔诺耶方向发起攻击。尽管纳粹德国及其盟国进行了抵抗，但是第四十集团军仍于次日晚向前推进了 20 ～ 25 公里，对盘踞在沃罗涅日地区的德军及其盟军构成了致命威胁，德军统帅部立即把部队撤往顿河对岸。

1 月 25 日，苏军第六十集团军收复了沃罗涅日。与此同时，苏军第三十八集团军和第十三集团军先后发起攻击，并向卡斯托尔诺耶地区推进。

1 月 26 日，苏军将斯大林格勒的德军第六集团军切成南北两块：保卢斯为首的 9 个师被困在市中心，另外 12 个师在北部工厂区。与外界失去联系的保卢斯还在艰难地执行着希特勒的命令："不许投降。第六集团军必须死守阵地，直至一兵一卒、一枪一弹。你们的坚持在建立一条防线和拯救西方世界将是永志难忘的贡献。"然而，在苏军猛烈的攻势面前，保卢斯的第六集团军再也坚持不下去了。

1 月 27 日，希特勒下令 A 集团军群全部撤离高加索。埃贝哈德·冯·马肯森指挥的第一装甲集团军奉命与曼施坦因的顿河集团军群会师。曼施坦因奉命撤到顿河下游以西一带，阻击苏军西南方面军。A 集团军群其他的部队约 10 个德国师和 10 个罗马尼亚师，共 35 万多人，奉命撤往塔曼桥头堡。事实证明，A 集团军群撤到塔曼桥头堡对曼施坦因集团军在乌克兰作战没有什么帮助。曼施坦因请求希特勒允许他撤到米乌斯河一带，却遭到希特勒的断然拒绝，理由是顿涅茨产煤区对德国经济至关重要。此时，在苏德战场上出现了有利于苏军在宽大正面上展开进攻的条件。西南方向的情况对苏军最为有利，因为德军那里的防线已被苏军摧毁。

1 月 28 日，苏军第四十、第十三、第三十八集团军在卡斯托尔诺耶会师，切断了德军及其盟军向西撤退的公路。另外，第十三、第四十集团军一部推进到敌军的正面，并将德军第二集团军和匈牙利第三军包围在卡斯托尔诺耶东南一带。为全歼敌军，苏军又调来第三十八集团军和第四十集团军的部分兵力。于是，苏军开始向季姆河和奥斯科尔河发起攻势。

由于苏军在歼灭被围敌军时兵力不足，尤其是苏军在合围正面兵力明显不足，同时部队之间的协同也做得不好。经过一番激战，德军及其盟军尽管损失惨重，仍然突破了合围的正面，向西撤退。苏军第三十八集团军拼命追击，在2月2～17日的追击战中消灭了敌军的主力。

在沃罗涅日－卡斯托尔诺耶战役中，苏军击溃德军及其盟军11个步兵师，收复沃罗涅日州和库尔斯克州广大地区，为进攻库尔斯克和哈尔科夫奠定了基础。

至此，苏军向前推进了120公里，每天推进的速度为12～14公里。沃罗涅日－卡斯托尔诺耶战役的准备期限只有4天，而战役是在严冬多雪的艰苦条件下发动的，战役中苏军的摩托雪橇营第一次投入战场。

1月30日，身处斯大林格勒的德军第六集团军司令保卢斯电告希特勒："最后崩溃超不过24小时。"次日傍晚，苏军进入保卢斯所在的地下室，第六集团军被迫接受苏军的投降条件。北部工厂区的德军也于2月2日中午宣布投降。下午2点46分，一架德国侦察机在斯大林格勒上空飞过，并向希特勒发去一份电报：斯大林格勒已无战斗迹象。

2月2日，斯大林格勒战役以苏军的最终胜利而宣告结束，德军遭遇毁灭性的打击。历时180天的斯大林格勒大会战震惊了世界，德军从此一蹶不振，希特勒的"战争机器"由此开始进入"老化"期。同一天，马利诺夫斯基接替叶廖缅科担任南方面军司令员。

◎ 坦克正在集结

当斯大林格勒会战激战正酣时，苏军便对千疮百孔的德军南翼展开了大反攻。1943 年 1 月 13 日，苏军沃罗涅日方面军攻击并歼灭了匈牙利和意大利的军队，在短短 15 天内苏军俘虏了 8 万人，突破德军及其轴心国军防线正面 150 公里，向西前进了 100 公里。

鉴于当时战场的有利形势，苏联最高统帅部决定以沃罗涅日方面军和西南方面军为主对德军发动一次联合攻势。西南方面军从斯塔罗贝尔斯克向东南发动进攻，将德军顿河集团军群围困于顿巴斯盆地，此次行动代号为"骏马奔驰"。随后，沃罗涅日方面军也要发动一次进攻，目标是夺取哈尔科夫，行动代号为"星"。

为了执行这次联合攻势，苏军在其进攻正面集结了大量兵力。西南方面军投入了第六军、近卫第一军、波波夫机械化集群、近卫第三军和坦克第五集团军共 325000 人，坦克 325 辆。苏军攻击的目标是德军第一装甲集团和霍利德特集群，共 160000 人，100 辆坦克。沃罗涅日方面军投入了第四十、第六十九、坦克第三集团军，共 210000 人，615 辆坦克，攻击的目标是德国党卫军第一装甲军"阿道夫·希特勒"装甲掷弹兵师和"帝国"装甲掷弹兵师，共 70000 人，200 辆坦克。苏军进攻初期非常顺利。西南方面军的波波夫机械化集群于 2 月初顺利渡过顿涅兹河，并于 12 日抵达德军的后方重镇克拉斯诺伏斯克。苏军沃罗涅日方面军第四十集团军于 2 月 7 日解放了科罗查，两天后又收复了别尔哥罗德。第六十九集团军解放了沃尔昌斯克后，渡过北顿涅茨河，冲向哈尔科夫。

为了守住哈尔科夫，德军最高统帅部组建了由劳斯率领的特种步兵军，下辖步兵第一六八师和"大日耳曼"摩托化师、步兵第一六七师，另外哈尔科夫的德军还有党卫军坦克军。

2 月 8 日，苏军第六十集团军在冲破提姆河地区德军防线后，解放了库尔斯克市。

2 月 13 日，苏德双方在哈尔科夫附近展开激战。苏军第四十集团军从西北、坦克第三集团军从南面进攻哈尔科夫。德军兰茨集群违抗希特勒的军令撤出了哈尔科夫。

哈尔科夫州成立于 1932 年，位于乌克兰东北部，面积为 3.14 万平方公里。该州主要是平原，北部有中俄罗斯丘陵，南部有顿涅茨山。该州有天然气、煤、泥炭和磷灰石等丰富的矿产资源。北顿涅茨河贯穿全州，该州首府哈尔科夫市是乌克兰第二大城和最大的工业、交通中心。哈尔科夫市位于哈尔科夫河、洛潘河和乌达河交汇处。该市面积 303 平方公里。1655 年，俄国在此建立了要塞，18 世纪中期发展成为俄国南部重要的贸易中心。1918—1934 年，哈尔科夫曾经是乌克兰的首都。二战中,哈尔科夫受到严重破坏,战后重建,成为乌克兰的交通枢纽。

2月15日,苏联最高统帅部撤销顿河方面军,在其基础上组建中央方面军。原顿河方面军的第六十五集团军、空军第十六集团军转隶中央方面军,其他集团军转隶统帅部预备队。方面军司令员是罗科索夫斯基,军事委员会委员是热尔托夫、基里琴科、捷列金,参谋长是马利宁。

2月16日,苏军沃罗涅日方面军解放了哈尔科夫,德军节节败退。然而此时,捷报频传的苏军碰上了一个可怕的对手,那就是曼施坦因。曼施坦因曾经于1940年拟订了进攻法国的"曼施坦因计划",利用短短的两个月时间便攻占了号称"欧洲第一军事强国"的法国,并于1942年夏天一举拿下了克里米亚的塞瓦斯托波尔要塞。

在斯大林格勒会战中,曼施坦因虽然没能挽救被困的第六集团军,但这丝毫没能影响他缜密的军事部署。在他看来,要想在苏军猛烈炮火的攻击下保存实力,只有实施机动防御,等苏军超过补给线之后,再将陷入孤立无援状态的苏军各个歼灭。因此,曼施坦因下令德军全线撤退再伺机集结。

曼施坦因知道,这种先行撤退的战术自1941年莫斯科和罗斯科夫战役失利以来,就一直不讨希特勒喜欢。为了让自己的计划得到顺利执行,曼施坦因做好了被希特勒撤职的打算,他电告德国陆军总部:"除非在一定期限内收到特别命令,否则我将行使自行裁决的权力。"按照曼施坦因的计划,德军将撤至米斯河防线,在顿巴茨地区集结,同时将法国境内的军队调入乌克兰。部队一旦集结完毕,即可从北、东两个方向同时发动反击,夺回失守的哈尔科夫。为了诱敌深入,只能放弃一些地方。

然而，在苏军看来，一切都在按计划进行，他们还不知道，此时已逐渐陷入了曼施坦因精心编制的圈套。德军的撤退不仅迷惑了苏联沃罗涅日方面军，而且希特勒对他的计划也产生了怀疑。

2月17日，希特勒、蔡茨勒和约德尔急匆匆赶到位于扎波罗日耶的南方集团军群司令部。南方集团军群的状况引起了德军的恐慌，希特勒对曼施坦因特别不满。不久，德军霍利德特集群改为第六集团军，在米乌斯河沿岸，阻击马利诺夫斯基率领的苏军南方面军。同时，从高加索撤往曼施坦因左翼的第一装甲集团军，奉命阻击苏军近卫第一集团军和波波夫坦克集群一部。向西约112公里，即是德国南方集团军群的纵深防线，苏军近卫第一集团军和第六集团军距离第聂伯河仅为48公里。苏军切断第聂伯罗彼得罗夫斯克－斯大林诺铁路线后，距离扎波罗日耶不足80公里。

为了改变不利态势，南方集团军群总司令曼施坦因决定歼灭苏军的先头部队，他制订的计划是："由霍特的第四装甲集团军对苏军发动反攻，第四装甲集团军从扎波罗日耶－斯大林诺之间的地区北上攻打苏军侧翼。同时，党卫军装甲军从波尔塔瓦地区向南进攻。目的是孤立苏军近卫第一集团军和第六集团军。霍特为此次战役的总指挥。霍特的左翼安全由肯普夫集群负责，霍特的右翼安全由第一装甲集团军负责，准备孤立苏军波波夫的坦克集群和近卫第一集团军的支援部队并将其歼灭。"

德军燃油奇缺，但曼施坦因听说苏军更缺少燃油。另外，里希特霍芬的德军第四航空队也将增援曼施坦因。然而，希特勒却在为哈尔科夫的丢失而感到不满，他认为最主要的目标是夺回哈尔科夫而并非歼灭苏军。

2月18日，希特勒勉强接受了曼施坦因的作战计划。与此同时，斯大林正在催促各路苏军加快推进速度。然而，在漫长的战线上，苏联部队伤亡过多，无法得到及时补充。

2月19日上午，德国党卫军第二装甲军从克拉斯诺格勒地区出发，进攻哈里东诺夫的苏军第六集团军的侧翼，德军很快就撕开了一个宽40公里的缺口。党卫军"帝国"装甲掷弹兵师在该缺口上击败了苏军近卫第四军。

2月21日，德军赖赫装甲师到达诺沃莫斯科夫斯克；德军党卫军"骷髅"装甲掷弹兵师推进到波帕斯诺耶。接着，党卫军装甲军各部队向南推进，到达巴甫洛夫格勒，至此切断了苏军第六集团军的退路。同时，德军第四十装甲军进攻苏军西南方面军的快速集群，西南方面军的处境急剧恶化。苏军最高统帅部认为德军发动的反攻是为了掩护其南方集团军群主力的撤退。

2月20日，曼施坦因命令德军南方集团军群向哈尔科夫发起反攻，他的部队冲向战线过长的苏军。苏军在狭窄的突击地带内难以得到侧翼部队的有效增援，补给物资很难及时送达，这使得德军的进攻没有遇到太大的阻力。

2月22日，德军南方集团军群所属第四十八装甲军与第五十七装甲军会师，两军北上进攻哈尔科夫。

第二章　钢铁防线

　　修筑防御工事的工程量巨大。仅仅在沃罗涅日方面军就挖了 4240 公里堑壕和交通壕，28000 多个步兵掩体，构筑了约 55860 个反坦克枪和轻重机枪掩体，5300 多个指挥所和观察所，构筑了 17500 多个地下室和掩蔽部，设置了 600 多公里的铁丝网。

◎ 是的，一定要放弃

2月23日，苏联最高统帅斯大林发布第95号命令。第95号命令向苏联全国人民发出动员："红军仍面临着对付奸诈、残忍而且暂时尚称强大的敌人之严峻斗争，这一斗争要求付出时间，做出牺牲，要求我们继续努力并动员一切力量。"在斯大林的号召下，苏联1943年的工业总产值比1942年增长了17%，在技术兵器、装备和弹药生产方面，更是取得了突飞猛进的突破。

在航空工业方面，共生产了35000架飞机，实现了航空工业的现代化并掌握了生产新型歼击机、强击机及轰炸机技术，其歼击机在战术技术性能大大优于德军相应型号的飞机。在坦克装甲车方面，T-34型坦克可以大批量生产，并能源源不断地准备部队。T-34型坦克是二战期间最优秀的坦克，它不仅履带宽，对地压强小，通行性能好，而且履带行驶速度与负重轮行驶速度一致，在一条履带被打断时，仍能正常行驶，最重要的是T-34拥有强大的火力。德国"豹"式、"虎"式坦克出现后，苏军根据德国新型坦克的性能对 T-34 及时作了改良。 除了 T-34 型坦克外，KB 型系列重型坦克也足以让德军胆战心惊，这种重型坦克的鼻祖具有"陆上战列舰"的美誉。为了库尔斯克战役中更加有效地成为德国坦克的"克星"，苏联对 KB 型重型坦克作了一些改进，使其具有更大的威力。

苏军 T-34-76-85 型坦克

2 月 26 日清晨，苏军中央方面军第六十五集团军和坦克第二集团军向布良斯克方向的德军发起进攻，骑兵步兵集群向谢夫斯克和斯塔罗杜布方向的德军发起进攻。

2 月 27 日，希特勒来到曼施坦因位于札波罗结的指挥部。他沙哑着嗓音对曼施坦因说："元帅先生，我想问一下你对我的支持是否满意？"

没等曼施坦因解释，希特勒的声音便骤然提高："你请求增援，我立刻从法国抽调了十几个师。如今，这些师已经陆续抵达，为什么仍然除了撤退就是按兵不动呢？我命令你们马上发动进攻！"希特勒要求曼施坦因即刻向哈尔科夫的正面发起攻击。

对于希特勒的责问，曼施坦因早有准备。"元首，"曼施坦因缓缓开口，"我想我还是再向您汇报一下我的计划吧。"曼施坦因请希特勒来到作战地图前，然后说："以我们目前的兵力和战斗力情况来看，我们要做的只能是以撤退来拉长苏军的补给线。在苏军兵力拉长之后，我将以精锐的党卫军第一装甲军为主力，首先击破敌西南方面军，然后向北击破沃罗涅日方面军。为了达到这一目的，必须让苏军相信，我们已经没有还手之力、溃不成军了。在完成部队集结前，我们必须放弃一些地方甚至是重要的地方。"

"一定要放弃吗？"希特勒反问。

"是的，一定要放弃！"曼施坦因坚定地说，"目前，我们的党卫军第一装甲军'阿道夫·希特勒'装甲掷弹兵师和'大德意志'装甲掷弹兵师已经拖住了苏军沃罗涅日方面军，尽管我军将士伤亡很大，但是他们已经做了艰苦的努力。我于 2 月 20 日已经组织南北两个集团对苏军西南方面军发动了反击。您是知道的，北集团由党卫军第二装甲军'帝国'装甲掷弹兵师和党卫军第三装甲军'骷髅'装甲掷弹兵师组成，南集团由第四十八装甲军组成。"

听曼施坦因这么一说，希特勒的表情开始稍微缓和了些。

"当下，苏军紧随我们一路南下。据我们的情报获知，苏军损失了相当一部分装甲车辆，而且已经超过了补给线。"

曼施坦因继续说，"我们只须首先击破苏西南方面军，再向北转移，对苏沃罗涅日方面军发起攻击，到时哈尔科夫将成为我们的囊中之物。另外，还有一个好消息，在我们进攻苏军西南方面军时，苏联最高统帅部下令把沃罗涅日方面军左翼的第三坦克集团军和第六十九集团军转交给了西南方面军。对我们而言，苏军这样做不仅无法挽救其西南方面军，还可以减少我们击溃沃罗涅日方面军的阻力。"

希特勒似乎从痛失第六集团军的伤痛中恢复了过来，他在曼施坦因的指挥部住了两天，详细了解了作战计划后心满意足地离开了。

果然，战场形势的发展如曼施坦因预测的一样。

3月1日，希特勒任命古德里安为德国装甲兵总监。上任后，古德里安采取了积极的步骤以弥补东线装甲师遭受的重大损失。他想方设法提高德国的坦克生产水平，为装甲部队提供新的 II 型攻击炮（该型炮当时只配给炮兵部队）。这些措施要想产生效果需要一定的时间，因此到 1943 年 4 月底，德军在整个战场上的坦克数量降到了 3630 辆，这已经是二战以来的最低点了。五六月份，越来越多的攻击火炮（5 月的交付量已达 988 辆）开始补充到已经耗空了的机械化师，这些师曾在曼施坦因组织的有效攻击中充当了先头部队。在装甲部队迅速得到补充后，1943 年夏德国陆军总部开始考虑在东线实施新的进攻。

3月2日，德军重创了苏军西南方面军，波波夫机械化集群惨遭灭顶之灾。在击败西南方面军后，德军主力挥师北上。此时，负责攻击德军左翼的苏军沃罗涅日方面军的坦克第三集团军陷入包围。到 3 月 5 日，除了苏军近卫第六骑兵军以外，全军覆没。

同一天，苏军开始在斯摩棱斯克方向追歼德军中央集团军群。德军撤退时设置了各种障碍，使得苏军进展迟缓，20 天才推进了 100 ～ 140 公里。

3月4日，德军第四装甲集团军从美利霍夫卡和奥霍查耶出发，进攻苏军坦克第三集团军。苏军坦克第三集团军多次击退德军的进攻，使得德军很难从南面进攻哈尔科夫，只好转向西突击苏第六十九集团军和坦克第三集团军的接合部。

◎ 激战在哈尔科夫

3月6日，德军对哈尔科夫发动了总攻。失去左翼保护的苏军沃罗涅日方面军被打得措手不及，被迫放弃哈尔科夫。傍晚时分，苏军中央方面军第六十五集团军和坦克第二集团军遭到德军第二装甲集团军预备队2个师的顽强阻击。随后，德军又调来几个师，迫使苏军进攻陷入停滞。但是，苏军中央方面军的骑兵步兵集群比较顺利，向西推进了100～120公里。

3月9日，为增援沃罗涅日方面军，苏联最高统帅部命令南方面军的第六集团军对进攻哈尔科夫的德军发起反攻，然而由于第六集团军在没有准备的情况下发起反攻，最终导致失败。

苏联最高统帅部认为德军可能向哈尔科夫和库尔斯克方向发动进攻，于是命令沃罗涅日方面军加强其左翼，一定要守住哈尔科夫。然而，沃罗涅日方面军难以完成统帅部的命令，通往别尔哥罗德的道路被德军党卫军部队打通。

3月10日，德国党卫军装甲军赶到哈尔科夫西北20公里处的迭尔加奇，继而在博杜霍夫的苏军第六十九集团军和坦克第三集团军接合部撕开了一道35公里宽的缺口。

同日，苏军中央方面军骑兵步兵集群进抵北诺夫戈罗德附近的迭斯纳河岸。希特勒对苏军中央方面军骑兵步兵集群出现在迭斯纳河感到不安，立即从预备队中调来9个师前去阻截。苏军骑兵步兵集群在长达150公里的战线上，遭到德军6个师的夹攻，被迫退回谢夫斯克，只能沿谢夫河一带防守。

3月11日，苏军坦克第三集团军在哈尔科夫郊区和市区与德军展开激战，抵抗从北面和西面进攻的党卫军装甲军以及从南面进攻的德军第四十八装甲军。同时，苏军第四十集团军与突入博里索夫卡的德军劳斯特种步兵军展开了激战，奋力阻止德军向别尔哥罗德进攻。

3月12日，德军进入哈尔科夫市区。

3月13日，希特勒签署了第5号作战命令。该命令要求新任陆军总参谋长蔡茨勒加紧研究库尔斯克地区的军事形势，尽快拟订作战方案。蔡茨勒认为以德军目前的兵力很难完成希特勒命令中提到的作战任务。蔡茨勒非常了解希特勒的脾气，他不愿意充当希特勒宏伟计划的绊脚石，所以除了表示服从之外，什么也没有说，立即投入了紧张的工作，希望尽快拿出令希特勒满意的计划。

经过一段时间紧张的忙碌，蔡茨勒完成了计划草案。他将草案提交到德军最高统帅部各机关并向前线高级指挥官征求意见。一个多月后，正式作战方案出炉了。经过一次又一次的讨论，希特勒终于说服了部下，把库尔斯克突出部作为在东线发动夏季战役的开始。德军将使用坦克部队在狭窄的地段实施高密集的闪击，以达到歼灭苏军中央集团军和沃罗涅日方面军及库尔斯克突出部的战略预备队的主要目的。

这一天，斯大林给朱可夫打了个电话，将其从西北前线紧急召回莫斯科。此时，朱可夫作为最高统帅部的代表正在协助铁木辛哥元帅指挥西北方面军作战，该方面军已经开到洛瓦季河边，准备强渡洛瓦季河迎击曼施坦因的部队。

斯大林语气中明显带着对朱可夫的尊重。他对朱可夫的尊重是有原因的。二战期间，被斯大林撤职的高级军官不少，而被重新重用者不多，而朱可夫是个例外。苏德战争爆发后，德军来势凶猛，很快占领了苏联西北部大片领土。时任苏军总参谋长的朱可夫及时总结战争失利的原因，认为在强大的德军面前，不宜采取单纯的阵地防御，应组织以反突击为主要手段的积极防御战略。根据这一思想，他决定放弃基辅，加强莫斯科方向的防御力量。然而，他的这一计划遭到了斯大林的断然拒绝。斯大林斥责前来汇报工作的朱可夫："胡说八道，基辅怎么能让给敌人？"

朱可夫针锋相对："您如果认为总参谋长只会胡说八道，那么，我在这里还有什么用，请您解除我的总参谋长的职务，把我派往前线，或许在那里我会有用。"斯大林没想到朱可夫如此固执，于是便痛快地答应："这里没有谁都行！"几个小时后，朱可夫便接到了免职命令。

后来，德军围歼消灭了"不惜一切代价"坚守基辅的几十万苏军，很快便占领了这座城市，并从乌克兰向莫斯科方向迂回。此时的斯大林才认识到朱可夫的重要性，于是重新起用了朱可夫，并把他派到局势最危急的列宁格勒。临行前，斯大林指示朱可夫："你的任务是坚决阻止德国人冲进列宁格勒。"

朱可夫到任的时候，德军已经切断了列宁格勒的全部陆上通道，并开始收缩包围圈。他一面采取各种手段建立完备的防御体系，一面积极组织反突击，利用一切可以利用的机会向德军发动进攻，以杀伤、消耗德军，增强防御的稳定。防线终于稳固下来，一直到苏军开始战略大反攻，德军围困列宁格勒长达 900 个日夜，却始终未能踏进城市半步。

列宁格勒局势缓解，莫斯科方向开始告急。斯大林又将朱可夫调来指挥莫斯科保卫战。他对朱可夫说："虽然这里的情况非常严重，但是我打算在十月革命纪念日除了召开庆祝大会外，还要在莫斯科举行阅兵式，你认为目前的局势可以这样做吗？"

朱可夫从斯大林的目光中看到了坚毅、力量和期望，于是他说会尽全力确保庆祝大会和阅兵式的顺利进行。形势严峻，任务艰巨。朱可夫指挥部队积极防御，顶住了德军的进攻，又从其他方向调来战斗机部队，加强了首都空防。纪念日当天，当全副武装的苏军官兵在白茫茫的冬雾中精神抖擞地从列宁墓前通过，接受党和人民检阅，随即直接开赴前线，德军官兵却在莫斯科近郊的严寒中颤抖。之后，朱可夫指挥部队反攻，迫使德军从莫斯科撤退 100 ~ 250 公里，德军遭到苏德战争爆发后的第一次重大战略失败。

莫斯科保卫战的胜利使朱可夫声名远播。从此，斯大林再也没有怀疑过他的指挥才能，并委任他为副统帅，让其代表自己指挥红军作战。战争打得最惨烈的地方就是朱可夫大显身手的地方，也由此成为名副其实的战场"救火员"。战后，斯大林在谈到朱可夫的功绩时赞叹道："朱可夫的名字作为胜利的象征，将永远不可分离地同整个战场联系在一起！"

朱可夫在电话中详细地向斯大林介绍了洛瓦季河的情况并提出了自己的建议。他说："洛瓦季河因过早解冻难以通过，西北方面军在此处的进攻不得不暂时中止。"斯大林对此表示赞同。

在两人的通话快结束的时候，斯大林突然对朱可夫说："我打算派索科洛夫斯基指挥西方面军，你觉得怎么样？"朱可夫弄不清斯大林的意图，但是出于对情况的了解，他还是提出了自己的建议："我提议派原西方面军司令员科涅夫指挥西北方面军，将铁木辛哥元帅派往南方担任最高统帅部代表，帮助南方面军和西南方面军司令员。因为铁木辛哥元帅对这些地区非常熟悉，而且那里的局势最近又对我们很不利。"

斯大林接受了朱可夫的建议："好吧，我让波斯克列贝舍夫通知科涅夫，让他给你打电话，你给他下达所有指示。"说完，斯大林停顿了一下，加重语气说："你明天来最高统帅部一趟，讨论一下西南方面军和沃罗涅日方面军的情况，你要做好准备可能要到哈尔科夫去。"朱可夫立刻明白了斯大林的意思，这说明又有硬仗打了，于是坚定地说："好的，我即刻出发。"

第二天晚上，朱可夫到达克里姆林宫时，斯大林正在主持召开政治局扩大会议。会议的议题是讨论有关冶金、电力的燃料问题以及飞机和坦克制造厂的问题。朱可夫顾不上休息，立即参加了会议。

参加会议的人员除了政治局委员外，还有苏联各部的领导人以及很多设计师和厂长。从他们的汇报中，斯大林得知，苏联在工业方面的形势依旧很紧张。美国根据《租借法案》提供的对苏援助，有很多未及时到达。斯大林指示各军工厂加班加点研制新式武器，并大量装备部队。他还要求人民委员会和国家计划委员会提早采取有效措施，解决军事经济中存在的问题。

会议于次日凌晨3时30分结束。这时，斯大林才有时间与朱可夫研究哈尔科夫地区的局势问题。斯大林对朱可夫说："自3月中旬起，库尔斯克州的情况逐渐恶化。德国的装甲部队和摩托化部队从克拉马托尔斯克地域发起的攻势，已经把西南方面军打回了顿涅茨河一带，德军在哈尔科夫西南一带集结了重兵。"

斯大林命令朱可夫天亮前赶赴西南方面军司令部，并巡视前线，采取有力措施。同时，斯大林又给沃罗涅日方面军政委赫鲁晓夫打电话，指责他们没有采取有力措施对付德军的反攻。

斯大林放下电话后，对朱可夫说："再急也要吃完饭再走。"于是，这位最高统帅拉着朱可夫到餐厅一起吃饭。此时已是凌晨5时。吃过饭后，朱可夫赶赴总参谋部作准备。早晨7时，朱可夫乘机飞往前线。他来到西南方面军司令部后，得知局势进一步恶化。德军攻下哈尔科夫后，向别尔哥罗德方向挺进，还攻下了卡扎奇亚洛潘。

3月14日，德军重新占领了哈尔科夫，苏军"星"计划彻底失败。

在哈尔科夫战役中，苏德双方损失惨重。苏军沃罗涅日方面军阵亡和失踪的人数达100694人，伤139336人，损失坦克和自行火炮1345辆，大炮5291门，飞机417架。德军仅党卫军第一装甲军就损失了12000人。夺取哈尔科夫，是曼施坦因计划中的一部分。

◎ 曼施坦因的大胆计划

　　在哈尔科夫得手后，曼施坦因命令部队继续前进，以期在春季融雪期之前占领更多的据点，稳住并进一步扩大南部战线。为了防止德军扩大防线，苏联最高统帅部不得不暂时中止了增援列宁格勒的计划，将坦克第一集团军南调，第二十一和第六十四集团军火速从斯大林格勒调往前线，还投入了西南方面军和弗罗尼兹方面军的预备队——近卫第二军和坦克第三军及步兵第二〇六、第一六七、第一一三师。

　　此时的德军没有哈尔科夫战役那样幸运了，由于没有新的装甲部队补充，加上战损和低落的士气，曼施坦因不得不停止了攻击。随着春季融雪期的到来，泥泞的道路阻止了机械化军团前进，苏德双方不得不停止进攻。这样，整条战线便形成了一个以库尔斯克为中心的突出部。库尔斯克突出部就像挥向德军防线的一个巨大的拳头，对德军构成严重威胁，这个突出部当然也成了苏德双方未来争夺的焦点。

斯大林格勒会战的失利令德军士气降到他们进入苏联战场以来的最低点。在"巴巴罗萨"侵苏计划中，希特勒曾经狂妄地认为不可战胜的德军征服苏联有3个月时间足够，而如今却面临着被苏联人打败的命运。对希特勒来说，比斯大林格勒会战失利更无法让他忍受的是保卢斯的投降。就在保卢斯投降的同一天，他还授予保卢斯陆军元帅军衔，希望保卢斯不要屈服。令希特勒更想不通的是，帝国军队为何能够被低劣的斯拉夫人打败。希特勒一向认为，犹太人和斯拉夫人是劣等民族，这些人根本无权活在世上。为了反思斯大林格勒会战的失败，希特勒一连好多天都躲在"狼穴"大本营闭门不出，他渴望一场胜利来证明自己的实力、提升部队的士气以及在盟友中的威望。

保卢斯

德军重新夺得哈尔科夫，给希特勒打了一剂强心针，征服苏联的欲望再次升起，这次他把目光投向了库尔斯克突出部。库尔斯克突出部的正面防线宽达250公里，根部只有70公里。德军中央集团军群控制了奥廖尔附近的突出部，南方集团军群仍占据着大部分的顿涅茨盆地。更为重要的是库尔斯克突出部两翼的根部分别是交通枢纽奥廖尔和别尔哥罗德，这里便于机械化部队机动。希特勒敏锐地捕捉到了这一战机，眼睛里闪过一丝不易让人觉察的喜悦。

与此同时，曼施坦因在酝酿1943年的东线战场夏季作战计划。他意识到德军在苏联已经陷入一场没有希望的消耗战中，随着时间的推移，苏联的优势会越来越明显。避免这一噩运的唯一办法是在苏军的优势还不明显时，用一连串的歼灭战使苏军在人力和物力上遭受沉重的打击。只要这种损失大到苏联无法忍受，德国才有可能获得一个谈判的机会。

当哈尔科夫战役接近尾声时，曼施坦因的新计划也具备了雏形，可供选择的方案有两个。第一种方案被称为"反向"计划，即发挥内线作战优势，继续诱敌深入，然后以东线广阔的战略纵深，伺机发动局部反击。该方案可以使德军以较小的代价，最大限度地杀伤、俘虏苏军，使其人力资源枯竭，最后迫使苏联像沙俄在1917年那样崩溃，或者接受对德有利的和约。不过，该方案有两个致命的弱点：第一个弱点是，战略主动权在苏军；第二个弱点是，当前德军兵力严重不足，无法防守整条战线，假如苏军在德军没有准备的方向发起反击，德军将溃不成军。更重要的是，采取这一方案，等待苏联的进攻，将大大推迟战争时间。而此时，时间对德军来说比什么都重要。因为随着时间的推移，苏联的工业会提供越来越多的武器装备，其战斗力会越来越强。到时，德国将不可避免地陷入一场毫无胜利希望的两线战争。

第二种方案被称为"正向"计划，即在有利的地区，通过主动进攻来歼灭苏军。起初，曼施坦因倾向于第一种方案，然而哈尔科夫战役的胜利使德军从上到下又充满了信心。曼施坦因希望能够趁着士兵高涨的气势，继续扩大战果，于是第一个方案便自然而然地被放弃了。

关于攻击的目标，曼施坦因毫不犹豫地选择了库尔斯克突出部。在他眼里，库尔斯克突出部是最理想的攻击目标。德军通过南北两翼的钳形攻击可以切断整个突出部，并歼灭大量苏军部队。这次战役一旦成功，必将大大缩短德军的战线，极大地提高部队的机动能力。曼施坦因作出这样的计划是经过深思熟虑的，他认为，守卫库尔斯克突出部的苏军是从哈尔科夫战役中败退下来的残兵败将，应该在他们战斗力恢复之前，彻底将其消灭，而德国目前具备这一军事实力。曼施坦因的作战计划在最高统帅部引起了轩然大波，除了极个别人外，绝大多数将领反对这一计划。

刚被任命为装甲兵总监的古德里安是这一计划的强烈反对者。这位德军装甲部队的创建者在视察中发现，当前的装甲部队早已今非昔比。1940年，古德里安建立的装甲师配备4个坦克营共有坦克400辆，在1941到1942年，已经缩编到2个坦克营200辆坦克，而到了1943年春，整个东线18个装甲师只剩495辆坦克，平均每个师只有27辆。当前的德军装甲部队不仅在数量而且在质量上都跟苏联有着不小的差距。德军的主力坦克是三号和四号坦克，已经被证明根本不是苏联T-34坦克的对手。虽然古德里安曾命令德国工业仿制苏联T-34坦克，但因发动机问题无法解决只能作罢。尽管德国已经研制出他们的新一代坦克——五号"豹"式坦克和六号"虎"式坦克，这两种坦克在质量上可以压倒苏联坦克，但是它们的产量却低得可怜，"虎"式坦克的月产量只有25辆，"豹"式坦克月产量也超不过50辆。古德里安认为，德军把如此数量的新型坦克投入库尔斯克突出部战役中，无异于杯水车薪，他甚至建议在整个 1943 年应该采取守势。

　　希特勒极力支持曼施坦因的计划，他认为东线战场的攻守问题不仅仅是一个战略问题，更是一个政治问题。斯大林格勒会战的失利让他隐隐地感觉到轴心国内部出现了裂隙。只有采取主动进攻才能重新维护"德军无敌"的神话，加强各盟国的向心力，而库尔斯克突出部是攻击的最佳目标。至于发动这样一场进攻的胜算到底有多少，希特勒心里也没有底。面对古德里安的反对，他也曾承认："这一作战的每一个行动方案都会让我反胃。"希特勒决定，德军从库尔斯克南、北面向突出根部实施向心突击，围歼苏军中央方面军和沃罗涅日方面军，而后突击西南方面军后方。

◎ 全民大防御

3 月 15 日，朱可夫在苏军西南方面军司令部与斯大林通电话。朱可夫在电话中指出，这里的局势比他在斯大林那里了解到的情况还要严重。他立即下令苏军加强在别尔哥罗德以北的防线，向前出动了战斗警戒。德军于 3 月底多次进攻苏军防线，均被朱可夫指挥的苏军击退。

这时，双方偃旗息鼓，都在准备大规模的决战。

3 月 16 日，苏联最高统帅部发现中央方面军和沃罗涅日方面军有被合围的危险。统帅部派第三坦克集团军突破哈尔科夫的包围圈。沃罗涅日方面军和西南方面军奉命撤往顿涅茨河以东约 60 公里处。

德军主力继续向别尔哥罗德进攻。德军肯普夫战役集群派劳斯特种步兵军从西南进攻别尔哥罗德，同时派党卫军装甲军从哈尔科夫以南进攻别尔哥罗德。苏军第六十九集团军接连战败，于 3 月 18 日撤离别尔哥罗德。同时，苏军第四十集团军的左翼被肯百夫战役集群合围，被迫撤往北面的哥特尼亚方向。

3月21日，苏中央方面军在姆岭斯克、诺沃西耳、布良策沃、谢夫斯克和雷耳斯克一带停止进攻，开始构筑库尔斯克突出部的北部防线。苏军的进攻虽然失败了，但粉碎了德军支援第四装甲集团军的计划。

3月22日，德军南方集团军群总司令曼施坦因下令所属各部队停止进攻，转入战略防御。次日，别尔哥罗德－哈尔科夫一带的战斗逐渐停止。南方集团军群的反攻使苏军失去了俄罗斯南部和乌克兰的战略主动权，曼施坦因控制了顿涅茨河与米乌斯河之间的地区，使南方集团军群免于被歼。这次战役起决定性作用的是德军第四装甲集团军，特别是党卫军装甲军。该装甲军由党卫军师、帝国师和“骷髅”装甲掷弹兵师组成。

苏军沃罗涅日方面军在科烈涅沃、克拉斯诺波利耶、戈斯提舍沃、沿北顿涅茨河左岸－沃尔昌斯克一带布防，组成库尔斯克突出部的南部正面防线。

3月26日，芬兰政府拒绝了希特勒关于不准单独与苏联停战的要求。同时，随着军事方面的恶化，德国与意大利的盟友关系面临瓦解。意大利法西斯领袖墨索里尼多次对希特勒说：“以某种方式结束没有任何好处的对苏战争。”

3月31日，古德里安视察南方集团军群，了解了“大日耳曼”装甲步兵师的虎式坦克营在前一阶段的情况，该坦克营隶属于什特拉赫维茨的装甲团。古德里安回国后，立即下令增加虎式和豹式坦克的产量。当时的豹式坦克装备了88毫米口径火炮，装甲比较薄，但机动力很强。豹式坦克后来改装了75毫米口径火炮，由于没有机枪，不适应近战。

3月份，苏军取得了辉煌的战绩，使战线远离莫斯科州。另外，苏军还突破了德军对列宁格勒的封锁，使德军北方集团军群遭受了重大的损失。德军南方集团军群控制了库尔斯克附近的别尔哥罗德地区，中央集团军群控制了奥廖尔一带。在库尔斯克突出部，苏军中央方面军和沃罗涅日方面军对德军防线构成了巨大的威胁。苏德双方都在向库尔斯克集结兵力，预示一场大规模的战役将要爆发。

1943年库尔斯克的春天迟迟不到，直到3月底天气才开始转暖。随后，绵绵的春雨下起来没完没了。连绵的春雨将道路变得泥泞不堪，这显然不利于德军大规模机械化兵团作战。其实，可恶的天气还不是希特勒宣布推迟"堡垒"作战计划的最主要原因，让他不得不推迟计划的真正原因是：德军高级将领中对"堡垒"计划的可行性一直存在着较大的分歧。

与此同时，从4月份起，苏军高层就对如何应对德军的计划展开了一场争论。斯大林和沃罗涅日方面军司令员瓦图丁倾向于发动一场先发制人的进攻，以打乱德军的进攻准备并夺回在3月份失去的战略主动权。朱可夫、华西列夫斯基和安东诺夫则认为苏军应先保持防御状态，以坚强的防御消耗掉德军进攻能量，摧毁其装甲兵力，然后再发动自己的战略进攻。当斯大林在两种作战计划选择中犹豫的时候，直接藏身于德军内部的"露西情报网"对斯大林的决策起了至关重要的作用。

露西，一个苏联间谍的代号，他的真正姓名是鲁道夫·罗斯勒，是一个住在瑞士的德国人，纳粹思想的坚决反对者。一战期间，他曾在德国陆军服役，并和10个熟识的士兵组成了一个小团体，战后继续留在军队，其中5名后来都晋升为将军。10人中有8人在陆军总部服务，另外2人则在空军位居要职。这10个军官都非常唾弃纳粹，认为那是野蛮人才有的错误想法，并认为德军只有战败，德国才有可能获得重生。加上他们又分别在作战、补给运输、军需生产及通信部门任职，除了消息灵通之外，传递情报的渠道也很多，对他们的情报工作饶有助益。情报传送得非常迅速，往往陆军总部的命令还没有送达负责执行的德军野战指挥官手中，他们即已先一步将情报送到莫斯科了。传递方式非常简单：先由内部间谍把所获情报转成密码后从德军最高统帅部通信部门发给瑞士的罗斯勒，再由罗斯勒本人或助手转送到莫斯科。过去，"露西情报网"曾帮助苏军打赢莫斯科保卫战及斯大林格勒保卫战，在1942年春天，帮助苏军西南方面军在收复哈尔科夫失败后，仍得以突破重围。

4月初，苏共库尔斯克州委员会举行全会，研究了支前问题。苏军中央方面军、沃罗涅日方面军首长参加了会议。各市委、区委和基层党组织积极动员民众参加构筑防御工事、机场和飞机着陆场。大量民众投入修筑公路、土路，修复铁路干线，支援野战医院的工作中去。4月份，在库尔斯克州的工人和集体农庄庄员有10.5万人，6月份达到30万人之多。奥廖尔州和沃罗涅日州的数千万民众沿顿河和奥斯科尔河构筑了防御地区。修筑防御工事的工程量巨大。仅仅在沃罗涅日方面军就挖了4240公里堑壕和交通壕，28000多个步兵掩体，构筑了约55860个反坦克枪和轻重机枪掩体，5300多个指挥所和观察所，构筑了17500多个地下室和掩蔽部，设置了600多公里的铁丝网。

库尔斯克州位于俄罗斯西部丘陵地区，西南与乌克兰接壤，面积2.98万平方公里。库尔斯克州平均海拔200米，富含铁矿，还有磷灰石、泥炭等矿藏。

库尔斯克州属于森林草原带，北部为铁矿开采区。库尔斯克州的主要城市有库尔斯克市、铁城和利戈夫。1934 年 6 月，库尔斯克州成立，首府为库尔斯克市。库尔斯克市是俄罗斯西南地区的著名城市，位于谢伊姆河及其支流图斯卡里河交汇处。1095 年，这里为基辅罗斯要塞。13 世纪，该要塞被成吉思汗的孙子拔都摧毁。1597 年，俄国重建该要塞。库尔斯克市工业以机械制造、化纤为主。

◎ 防御是为了反攻

4月3日，苏军总参谋长华西列夫斯基下令各方面军和各级情报机构加强对德军下一步行动的侦察。根据这个命令，从苏联各个方面军的侦察部队到海外的谍报网开始了紧张的工作。越来越多的情报表明，德军将在库尔斯克地区发动一场大规模的攻势，关于作战计划的两种争论逐渐趋于一致。

4月7日，墨索里尼会见希特勒。他对希特勒说："苏联是不可能被征服的。"他劝希特勒与斯大林和平谈判，然后把德意两国的全部兵力调往地中海地区。希特勒非但不同意墨索里尼的建议，反而鼓励这位泄气的意大利独裁者。然而，在苏联战场被打得落荒而逃的意大利军队实在无法忍受了。除了战场上的惨败，意大利军队和德国军队的矛盾越来越多。撤退中的意大利士兵竟然用手榴弹偷袭德军，还炸死了一个德国将军。

4月8日，朱可夫向最高统帅部提交了一份《关于1943年春夏德军可能的行动及苏军的防御设想》文件。朱可夫在文件中指出：

1. 鉴于1942年年底至1943年年初敌军伤亡巨大，开春前组建大批量预备队，发动夺取高加索和逼近伏尔加河地域以便纵深迂回莫斯科的攻势显然是不可能的。敌军因预备队数量有限，所以1943年春及夏初将被迫在较窄的正面发动攻势，还必须严格按阶段完成任务，其主要目标是占领莫斯科。依据目前敌军在我中央、沃罗涅日和西南方面军正面的部署情况，我认为敌将对上述三个方面军发动主要攻击，以粉碎该方向的我军部队，争取沿最近路线迂回莫斯科的机动自由。

2. 由此看来，敌第一阶段将最大限度集中兵力，在航空兵的大力支援下，以其奥廖尔—克罗梅集团发动从东北迂回库尔斯克的进攻，以其别尔哥罗德—哈尔科夫集团发动从东南迂回库尔斯克的进攻。敌预计会由西自沃罗涅日地区以及西南向库尔斯克发动辅助攻击，其目的是切断我军防线。敌军企图以此粉碎并合围我第十三、第七十、第六十五、第三十八、第四十、第二十一集团军。敌军此阶段的最终目的是进抵科罗恰河－科罗恰－季姆－季姆河－德罗斯科沃一线。

3. 敌军第二阶段将迅速在瓦卢伊基－乌拉佐沃方向迂回西南方面军的侧翼和后方。与此同时，敌军可能在北部由利西昌斯克向斯瓦托沃、乌拉佐沃发动相向突击。另外，敌军还将冲击利夫内、卡斯托尔诺耶、旧奥斯科尔和新奥斯科尔一线。

4. 敌军第三阶段估计会变更部署，进而奋力进抵利斯基、沃罗涅日、耶列茨一线，然后凭借东南方向的掩护，经拉年堡、里亚日斯克、梁赞地区从东南面对莫斯科实施迂回突击。

5. 鉴于敌步兵目前的行动速度较之装甲兵相差甚远，可以预见到敌军今年的进攻将主要依靠装甲兵和航空兵。当下，我中央和沃罗涅日方面军面对敌 12 个装甲师，加上其他地段调来的 3 ～ 4 个装甲师，则对我库尔斯克集团投入的敌装甲师可达 15 ～ 16 个，坦克总数高达 2500 辆。

6. 为了在防御中打败敌人，除了加强我中央和沃罗涅日方面军的反坦克防御外，必须尽快从次要地段抽调 30 个反坦克歼击炮兵团作为统帅部预备队配置在受威胁的方向，即将所有自行火炮集中到利夫内、卡斯托尔诺耶、旧奥斯科尔地段。

朱可夫在报告的最后还特别提到对抗德军最重要的一点："我认为没有必要发动一场先发制人的进攻，应当以坚强的防御消耗德军的有生力量，尤其是摧毁他们的坦克。之后，我们以预备队发动全面反攻，彻底粉碎敌主要集团。"

4 月 10 日，朱可夫和总参谋长华西列夫斯基从西南前线飞抵莫斯科，两人与斯大林讨论了 1943 年的夏季作战问题，其中库尔斯克突出部的作战计划是其讨论的重点。

三人一致认为，为了政治、经济和军事利益，希特勒一定会不惜一切代价守住从芬兰湾至亚速海这条防线。从目前情况来看，德军有能力在库尔斯克突出部发动一场大规模的进攻战役。德军的进攻一旦得逞，就会夺回战略主动权。斯大林认真听取了朱可夫和华西列夫斯基的意见。他同意将主要兵力集中于库尔斯克地区，但是要求不能减少对莫斯科方向的防御力量。斯大林说："一定要在所有最重要的方向，首先是在库尔斯克突出部建立纵深梯次配置的防御。"

为了加强沃罗涅日方面军的指挥，斯大林改任瓦图丁为该方面军司令员，要求他必须守住库尔斯克突出部，迎接即将到来的大决战。

按照斯大林的指示，苏军开始建立纵深梯次防御阵地。苏军在库尔斯克地区构筑了 8 道防御阵地，纵深达 300 多公里。苏军投入的主力部队为沃罗涅日方面军、中央方面军、西南方面军和布良斯克方面军。苏军各级司令部、政委和党团组织为提高各部队的士气作了大量工作，决战前近万名士兵加入了苏联共产党。朱可夫和华西列夫斯基奉命制订了战役计划。

朱可夫、华西列夫斯基等将领认为突出部的地形更有利于守军。苏军应以顽强的阵地战消耗德军兵力，摧毁德军装甲部队，进而发动大反攻。

这一天，苏军中央方面军参谋长马利宁向总参谋部提交了一份报告。马利宁的报告与朱可夫 8 日给最高统帅部的报告不谋而合。

4 月 11 日，德国陆军参谋总长蔡茨勒向希特勒提交了库尔斯克突出部作战计划的备忘录。蔡茨勒在备忘录中提议由莫德尔的第九集团军和霍特的第四装甲集团军联手向苏军驻守的库尔斯克突出部发起攻击。

◎ 两个方案，一个目的

4月12日，苏联最高统帅部大本营召开会议。最高统帅斯大林、副统帅朱可夫、总参谋长华西列夫斯基和第一副总参谋长安东诺夫出席了会议。

朱可夫对当下的形势进行了深刻的分析，他说："希特勒出于政治、经济和军事战略上的考虑，将会不惜一切代价竭力守住芬兰湾到亚速海这条战线。"

朱可夫看到其他与会者没有提出异议后，接着说："尽管目前德军的有生力量已经受到重创，但是他们还是有能力装备某一战略方向的部队，在库尔斯克突出部发动一次大规模进攻战役，试图以此粉碎我中央方面军和沃罗涅日方面军的部队。如果德军这一计划得逞，将会使整个战略态势向有利于德军的方向转变，至于此役会大大缩短德军的整个战线、提高其防御的战役总密度就更不用说了。目前，我们虽然已经掌握了战略主动权，并有能力采取积极的进攻行动，但是我们在所有重要方向上，特别是库尔斯克突出部必须建立坚固的纵深梯次防御。”

朱可夫的这番话引起与会者的争议，大家开始小声争论起来。朱可夫没有受到干扰，继续说：“我们之所以采取这一行动，是有原因的。敌军已经装备了新式坦克和强击炮，要对付它们相当困难。只有凭借有效的防御，在防御中削弱敌强大的坦克集团，才有可能为我军转入反攻创造有利的条件。”

此时的朱可夫已是副统帅，并成为野战指挥员中第一个晋升元帅的将领。斯大林已从他在列宁格勒、莫斯科、斯大林格勒等大会战中的出色表现进一步认识到了他的价值。每次遇到重大的棘手问题，斯大林第一个想到的便是朱可夫。对朱可夫的意见和建议，他总是给予高度重视。

斯大林经过再三考虑后，决定采纳朱可夫的方案，先以大纵深梯次性防御阵地、强大的火力、猛烈的航空兵突击及战略预备队的反突击来迎击德军的进攻，在消耗和疲惫德军之后，再在别尔哥罗德—哈尔科夫方向及奥廖尔方向发动猛烈反击。随后，在所有重要的方向上发动深远纵深的进攻战役，将战线大幅度向西推进，收复顿巴斯和整个第聂伯河左岸的乌克兰地区，肃清塔曼半岛上的德军登陆场，收复白俄罗斯东部地区，最终将德军完全赶出苏联。与莫斯科和斯大林格勒的被动防御不同，苏军在库尔斯克转入防御不是被迫的，而是按计划有组织的主动防御，苏军没有丧失在冬季战斗中夺取的主动权，只不过选择了对自己有利的军事行动。

按照计划，抗击德军奥廖尔方向的进攻由中央方面军负责，而抗击别尔哥罗德方向的进攻则由沃罗涅日方面军负责。完成防御任务后，两个方面军即刻在奥廖尔和别尔哥罗德—哈尔科夫方向转入反攻。

苏军在奥廖尔方向反攻的代号为“库图佐夫”，由西方面军、布良斯克方面军的左翼和中央方面军右翼实施；别尔哥罗德－哈尔科夫集团的反攻战役，由沃罗涅日方面军和草原方面军在西南方面军的协同下实施，代号为"鲁缅采夫"，草原方面军则在战役中负有重大的责任。作为一支强大的战略预备队，草原方面军部队的任务是阻击无论来自奥廖尔方向还是来自别尔哥罗德方向的德军的纵深突破，转入反攻后再从纵深增强突击力量。另外，在粉碎了突出部的德军集团后，苏军将在西南和西部方向展开总进攻，击败德军南方和中央集团军群的主力，并集中主要兵力进攻南方集团军群，摧毁德国从大卢基到黑海的防线，收复乌克兰左岸最重要的经济区，并攻克第聂伯河战略地区。

大本营会议还讨论了另一种方案，那就是如果德军在近期内没有进攻库尔斯克的企图，苏联军队将直接转入反攻。

同一天，苏联国防委员会决定建立由 2 个突破炮兵师和 1 个火箭炮师组成的突破炮兵军。突破炮兵军拥有 496 门火炮、216 门迫击炮和 864 部 M-31 发射装置，火力异常强悍。其他种类的炮兵也做了一定的调整：重榴弹炮兵编成大威力炮兵旅、成立重加农炮兵师、防坦克歼击炮兵旅、火箭炮兵师和 4 团制高射炮兵师。装备了新式飞机的苏联空军也进行了重大改组，不仅增加了人员的数量，还提高了前线航空兵和远程航空兵的质量。各空军集团军增建了新的航空兵团，增加了飞机的数量。

这一天，沃罗涅日方面军司令员瓦图丁向最高统帅部提交了一份报告，汇报了沃罗涅日地区德军的情况并提出了一些建议。瓦图丁在报告中指出：

1. 沃罗涅日方面，敌陈兵 9 个步兵师，即第二十六、第六十八、第

三二三、第七十五、第二五五、第五十七、第三三二、第一六七师以及1个番号不明的师。这些师盘踞在红十月村、大切尔涅特奇纳、克拉斯诺波利耶、卡扎茨科耶一线。俘虏交代，番号不明的师以及调往索尔达茨科耶地区，与步兵第三三二师换防。上述情况正在核实。

据未经核实的情报报告，敌第2梯队有6个步兵师，但每个师的位置尚未查明，此情报正在核实。据无线电侦察情报报告，发现哈尔科夫地区有一个匈牙利师师部，该师可能调往次要方向。

2. 目前，敌共有6个装甲师，即"大日耳曼"师、"阿道夫·希特勒"装甲掷弹兵师、"骷髅"装甲掷弹兵师、"帝国"装甲掷弹兵师、第六和第十一装甲师，其中3个在第1线，另外3个师在第2线。据无线电侦察情报报告，敌第十七装甲师师部已由阿列克谢耶夫斯基迁往塔夏戈夫卡，说明该师正向北移动。根据上述情况来看，敌可能由西南方面军防御地区向别尔哥罗德地区增调3个装甲师。

3. 敌在沃罗涅日可能组建了10个装甲师、至少6个步兵师的突击集群。该集群拥有1500辆坦克，这些坦克预计集中在鲍里索夫卡、别尔哥罗德、穆罗姆、卡扎奇亚洛潘地区。另外，该集群可能获得了500架轰炸机和至少300架歼击机的强大空中支援。敌很有可能从别尔哥罗德地区向东北、从奥廖尔地区向东南发动向心突击，目的是合围别尔哥罗德、库尔斯克一线以西的我军部队。之后，敌可能会在东南方向向我西南方面军的侧翼和后方实施突击，以便为其在东北方向的作战创造有利条件。但是，也不能排除敌今年内放弃向东南进攻的计划而实施另一计划的可能，也就是说从别尔哥罗德和奥廖尔地区实施向心突击后再向东北进攻，进而迂回莫斯科，应该充分考虑到这种可能性并及时组织预备队。

因此，敌很有可能在沃罗涅日方面军正面从鲍里索夫卡、别尔哥罗德地区向旧奥斯科尔方向发动主要突击，并以部分兵力向奥博扬及库尔斯克发起突击。预计辅助突击应在沃尔昌斯克－新奥斯科尔方向及苏贾－奥博扬－库尔斯克方向发起。敌当前尚未做好大规模进攻的准备，预计进攻发起的时间不会早于今年的 4 月 20 日，很有可能是 5 月初。但是，敌军的局部进攻随时都有可能发生，所以我军必须长期做好高度战斗的心理准备。

第三章　空中搏击

　　德国空军向库尔斯克铁路枢纽发动了大规模空袭，一次就出动了437架轰炸机、130架战斗机。苏联空军紧急出动386架战斗机，双方在库尔斯克上空展开了激烈的大空战。

◎ "堡垒" 计划

4月15日，希特勒签署了第6号作战指令，要求德军在库尔斯克突出部发动"堡垒"进攻，并提出了此次行动发起的时间、达到的目的及需要注意的问题。

元首 元首大本营

陆军总司令部／陆军总参谋部／作战处（一组）1943年4月15日

1943年第430246号绝密文件

仅传达到军官

第6号指令

我决定，天气情况一旦许可，即可发动今年一系列进攻中的首次进攻，也就是"堡垒"进攻。此次进攻具有决定性意义，务必迅速彻底获得成功，务必赢得春季和夏季的战场主动权。因此，应当周密地做好战前的一切准备工作。在主要突击方向，投入最精锐的部队，最精良的武器，最杰出的指挥官及充足的弹药。每位指挥官、每位士兵一定要充分认识到此次进攻的重大意义，这一次的胜利必将震惊全世界。

鉴于此，我特命令：

一、在别尔哥罗德地区与奥廖尔以南地区分别以1个突击集团军发动密集的勇猛的快速的突击，一举合围库尔斯克地区的敌人，然后通过向心突击将其彻底歼灭。

此次进攻战役中，应于涅斯海加、科罗恰、斯科罗德诺耶、季姆、希格雷以东索斯纳河地段一线建立一道较短的节省兵力的新防线。

二、关键问题。

1. 尽可能达成战役的突然性，特别是不能给敌军留有进攻的时间。

2. 最大限度地将进攻兵力集中于狭窄的正面，以便形成局部的绝对优势，从而一举突破敌军防线，顺利实现两个突击集团军的会师，为收拢合围圈创造有利条件。

3. 尽快前调纵深先头突击部队，用于掩护翼侧的兵力，以利于先头突击部队放手向前突进。

4. 尽快从四面八方突入合围圈，不给敌军喘息的机会，从而加速它的灭亡。

5. 快速发起进攻，令敌军既无法摆脱包围，又没有时间从其他战线调来强大的增援部队。

6. 快速建立新的防线，以便尽早腾出兵力特别是快速部队，准备执行后面的任务。

三、南方集团军群以密集的兵力从别尔哥罗德、托马罗夫卡一线发动进攻，越过普里列佩、奥博扬一线，在库尔斯克及其以东地区与中央集团军群的突击集团军建立联系。

为掩护向东发动的进攻，应尽快进抵涅斯海加、科罗恰、斯科罗德诺耶、季姆一线，但是不能因此影响重点将兵力集中使用在普里列佩、奥博扬方向。以部分兵力掩护向西发动的进攻，该部兵力同时还要执行突入正在形成的合围圈的任务。

四、中央集团军群之突击集团军应高度集中兵力，从特罗斯纳、小阿尔汉格尔斯克以北一线发起攻击，并越过法捷日、韦列伊捷诺沃一线（重点在东翼）与南方集团军群的突击集团军在库尔斯克及其以东地区建立联系。

为了掩护向东发动的攻击，应尽快进抵季姆、希格雷以东、索斯纳河地段一线，但不能因此影响将兵力集中于主要突击方向。应派出部分兵力掩护向西发动的攻击。

中央集团军群部署在特罗斯纳以西至南方集团军群的分界线的兵力，在进攻开始时，应以专门组建的突击集群的局部进攻牵制敌人，并尽早突入正在形成的合围圈。不间断地实施地面侦察和空中侦察，防范敌军伺机逃跑。一旦发现敌军有逃跑的迹象，应即刻在整个正面发起攻击。

五、中央、南方两个集团军群应最大限度地采取一切伪装、掩护和迷惑措施，在远离出发阵地的地方待命出击，以便能够遵照从4月28日起的第6天根据陆军总部颁布的命令发起攻击。因此，最早的进攻日期为5月3日。一定要谨记，一旦进入进攻出发阵地，应马上采取各种伪装措施，并且只能在夜间行军。

六、为了迷惑敌军，在南方集团军群战区内，继续为"黑豹"（笔者注：1943年4月德军在南方集团军群的战区内实施的反游击队行动的代号）行动做准备。以各种手段来突出这种准备活动，并尽可能把时间拖得长一些。这些迷惑措施会因为迟早要采取的增强顿涅茨河战线防御力量的措施而得到有力加强（参见第十一条）。中央集团军群战区内，无需采取大规模的迷惑措施，但是可以通过各种形式给敌人制造假象。在两个集团军群重新配属给突击集团军的部队应实行无线电静默。

七、为了保密，只有绝对必要的人才能了解这一计划。这种限制在尽可能晚的时候逐步放宽。这一次务必要做到，不使计划泄密，通过得到加强的反间谍机关不断地同敌人的间谍进行斗争。

八、考虑到跟以往的战役不同，此次进攻区域有限，目标非常明确，因此进攻部队必须把不是进攻绝对需要的各种车辆和一切会成为累赘的东西留下。所有这些东西只会严重妨碍和影响进攻的突然性和后续部队的快速跟进。为此，每一位指挥官必须清楚地记住：只能携带实施战斗所需要的东西。军长和师长应极其严格认真地对此进行检查。必须设置强有力的交通指挥机构。交通指挥机构应严格维持交通秩序。

九、关于补给的规定，关于立即全部抓获俘虏、居民和战利品的规定，关于对敌宣传的规定，见附件1-3即《关于补给的规定》《关于抓获战俘、劳工和战利品的规定》和《关于对敌宣传的规定》。

十、空军同样应有重点地使用可以动用的兵力，应立即开始同空军的一些指挥机关进行磋商，尤其需要提醒的是保密问题（参见第七条）。

十一、为保证进攻的成功，具有决定性意义的是应使敌军不能通过对我南方集团军群和中央集团军群的其他地段发起进攻来迫使我们推迟"堡垒"行动或提前调走进攻部队。

月底之前，两个集团军群应像准备"堡垒"战役一样，采取各种方法有计划地做好在其他主要受威胁地段实施防御作战的准备工作。在这方面，应想方设法加快构筑阵地的速度，应在受到坦克威胁的地段上大量配置反坦克武器，应组建地段预备队，应通过频繁的侦察尽早查明敌军的主要作战方向，等等。

十二、此次战役最终要达到的目标。

1. 将南方集团军群和中央集团军群的分界线大致移至科诺托普、库尔斯、多尔戈耶一线。

2. 将第二集团军司令部及其所辖3个军司令部和9个步兵师以及尚未最后指定的中央集团军群直属部队转隶南方集团军群。

3. 中央集团军群应另外提供3个步兵师，供陆军总部在库尔斯克西北地区使用。

4. 从前线调出全部快速部队，另作他用。

机动特别是第二集团军的机动，应与上述计划相适应。

我有权在战役中根据战场进展情况，逐步将第十二条第2款规定的指挥机关和部队调给南方集团军群使用。

同样，我也有权在战役按计划推进的情况下，让部队尽快从行进间向东南方向实施进攻，以便充分利用敌军的混乱状态。

十三、各集团军群应汇报根据本作战命令采取的进攻和防御措施，并要附上比例尺为 1 ∶ 30 万的地图，图上要标明陆军部队的部署情况，还要注明与第四航空队或东线空军司令部达成的关于支援进攻和协助采取迷惑措施的协定。

日期：4 月 24 日

（签字）阿道夫·希特勒

　　为了确保"堡垒"行动的胜利，希特勒特地挑选了两个他最信任的元帅来指挥这次战役，即中央集团军群总司令克鲁格和南方集团军群总司令曼施坦因。就这样，德军库尔斯克突出部战役的筹划和准备工作紧锣密鼓地开始进行了。战争的阴云遮天蔽日地向库尔斯克上空压来。

　　按照曼施坦因原来的计划，对库尔斯克地区的进攻应立即发动，以便使苏军措手不及。希特勒希望有一场酣畅淋漓的胜利，以便给那些跟随德国进攻苏联的轴心国成员打上一针强心剂。斯大林格勒会战的失败在轴心国集团中出现了政治危机和分崩离析的迹象：墨索里尼曾建议希特勒与苏联媾和，罗马尼亚要求单独同英美议和，芬兰则要求退出战争，而匈牙利也在考虑摆脱战争的途径。然而，希特勒很快发现，"堡垒"作战计划很难按照原计划执行。

◎ "库图佐夫行动"计划

　　4月16日，希特勒在会见匈牙利元首霍尔蒂时，拿出证据指责匈牙利背叛德国，并说匈牙利军队战斗力太弱。希特勒要求重组匈牙利政府并消灭匈牙利的犹太人。霍尔蒂抱怨希特勒不肯给匈牙利军队提供武器装备，同时拒绝了希特勒的要求。

　　4月18日，希特勒允许意大利第二军从苏联撤军。至此，意大利军队在苏联战场上没有一兵一卒。其实，德国早就对轴心国意大利的表现很不满，德国人发现意大利士兵把武器卖给苏联游击队。希特勒为这件事曾经跟他的宣传部长戈培尔说："我再也不想在苏联看见一个意大利士兵，我们只能靠自己人，特别是党卫军，消灭苏联！"

　　在希特勒制订"堡垒"计划的同时，斯大林也在筹划一场大战，两人的目光都盯在了库尔斯克。为消灭或重创德军的第二装甲集团军和第九集团军，收复库尔斯克北部被德军占领的奥廖尔登陆场，苏军最高统帅部大本营于四五月间制订了代号为"库图佐夫行动"的战役计划。这次战役计划的代号之所以用打败拿破仑入侵的俄国元帅库图佐夫的名字来命名，其象征意义不言自明。苏军最高统帅部大本营决定于 7 月 12 日首先在库尔斯克北部地区发起进攻。

"库图佐夫行动"战役计划规定："西方面军近卫第十一集团军从科泽利斯克地区发动突击，布良斯克方面军第六十一集团军从博尔霍夫东北地区发动相对突击，合围并消灭博尔霍夫的德军，随后进攻霍特涅茨，揳入奥廖尔的德军后方；第五十集团军在西南方向进攻济凯耶沃，保障近卫第十一集团军从西面发动的攻势；空军第一集团军支援西方面军的行动。布良斯克方面军第三集团军和第六十三集团军进攻奥廖尔，空军第十五集团军支援布良斯克方面军。西方面军和布良斯克方面军发动进攻后，中央方面军以右翼各集团军击退插入防御阵地的德军，并向西北方向突击，在奥廖尔地区从南面和西南包围德军，进而与布良斯克方面军、西方面军共同歼灭德军。从 3 个方向同时发动大规模进攻，使德军在随时遭到围歼威胁的情况下作战，使其机动困难。"

"库图佐夫行动"的战役企图是以 3 个方面军分别从北、东、南三个方向对奥廖尔的德军实施向心突击，切割德军奥廖尔集团，最终予以各个歼灭。苏军 3 个方面军组建了 4 个突击集群：西方面军左翼 1 个集群，布良斯克方面军组建 2 个集群，中央方面军右翼 1 个集群。3 个方面军间隔为 50 到 60 公里。苏军战役准备的主要特点是：在预定反攻地域集结大量炮兵。鉴于德军筑有密集的防御工事，苏军十分重视在突破地段上集结强大的炮兵，以便能在短时间内摧毁德军的防御工事。

"库图佐夫行动"战役计划的战略目的是歼灭拥有 37 个师的德军，这样不仅能够从根本上改变库尔斯克当前的被动局面，还有利于扭转整个苏德战场的局势。战役的作战范围为正面 350 公里、纵深 120 ～ 130 公里。战役准备是在严格保密的情况下进行的，兵力调动、占领出发阵地均在晚上进行。各部队占领出发阵地的道路修建在谷地、森林、丛林、高地反斜面，所有战役准备的工程作业都进行了伪装。苏军的准备工作表面上看是在加固防御阵地，这样做的目的是为了让德军对苏军的战略意图产生错觉。

苏军的伪装措施和假情报取得了非常好的效果。德军根本没有料到，苏军拥有随时转入大反攻的强大预备队。战役准备阶段，苏军的政委们非常重视政治动员工作。党政工作的特点出现了较大的变化，以前苏军的政委们主要是教育官兵为祖国而死守阵地，现在则是激发官兵的进攻热情。面对德军的防御阵地，苏军统帅部十分重视进攻部队战斗队形的纵深配置。苏军在主攻方向上集结了大量的兵力和重武器。就拿近卫第十一集团军来说吧，其主攻方向的炮兵密度每公里正面达到 200 门火炮和迫击炮。

5 月 3 日，希特勒在慕尼黑召集参与"堡垒"作战的高级将领开会。出席会议的有中央集团军群总司令克鲁格、南方集团军群总司令曼施坦因、陆军参谋总长蔡茨勒和装甲兵总监古德里安以及参与此次行动的各集团军司令。

第九集团军司令莫德尔在会上出人意料地表达了对这次作战的不同意见。他绕过自己的顶头上司克鲁格元帅，直接向希特勒进言。莫德尔把一叠航空照片摊在希特勒面前，这些照片清晰地显示了苏军在德军计划中的进攻路线上已经构筑了大量的防御工事。莫德尔指着照片上的苏军防御工事语气坚定地说："进攻的最佳时机已经错过，敌人已经从战败中恢复了元气，这将使进攻成功的概率大大降低，因此'堡垒'攻势应该放弃。"

莫德尔，1891 年 4 月 21 日生于德国的根廷，二战时期德国名将，被希特勒称为"东线的救星"，有"防守大师""希特勒救火队长"之称，是少数得到希特勒完全信任的将军。他年轻时是希特勒的狂热追随者，同时也是少数几个敢在希特勒面前直言不讳的将军。

莫德尔

莫德尔没有显赫的家世，不像古德里安那样在军事学术上有着重大的成就，也不像曼施坦因那样才华横溢，更不像隆美尔那样有突出的个性，但是他倔强、顽强，作战经验丰富。在顺境时，他从不会错过机会；在逆境时，他所表现的顽强和执拗使他成为一个非常难缠的对手。朱可夫一生所打过的大仗、恶仗无数，但是唯一的一次败仗就是败给了莫德尔和他的第九集团军。在库尔斯克战役结束后，莫德尔接替了曼施坦因指挥苏德战场南部的德军，并升任德国陆军元帅。莫德尔的声望在 1944 年 8 月于华沙城下挡住苏军的进攻而达到巅峰，接着他被调往西线。9 月，英国元帅蒙哥马利的"市场花园"计划就是被莫德尔挫败的。

1944年8月17日，莫德尔接替克鲁格担任德军西线总司令。他担任这一职务不到一个月，就因不服从希特勒的瞎指挥被免去了职务。1945年4月，莫德尔所部被英美盟军包围在鲁尔地区，而希特勒命令他战斗到最后一个人。作为一名军人，莫德尔应该服从命令。同样作为一个军人，他也深知投降的耻辱，但是他更明白战争到了这个阶段，部队就算付出再大的牺牲也无济于事。4月21日，莫德尔作出了一个惊人的决定：下令部队就地解散，官兵们自行决定继续战斗、突围或投降，一切责任由他本人承担。莫德尔的这个命令使数以万计的德军官兵们免于在战争最后几天中丧生。当部下问到他有什么打算时，莫德尔平静地说："一个德国元帅是不应该做俘虏的。"在交代完后事后，莫德尔一个人走进了森林，在那里他掏出手枪，抵住自己的太阳穴，让子弹树立起了一位元帅应有的尊荣。

莫德尔发言结束后，古德里安也直言不讳地指出，对库尔斯克的进攻非但没有便宜可占，反倒让坦克将遭受巨大损失，他的改编装甲兵的计划也将因此破产。古德里安看了一眼坐在身边的蔡茨勒说："参谋总长所器重的这种坦克，也像一切其他新式装备一样，将会遇到初用期出现的缺陷。"

然而，蔡茨勒根本就没把古德里安的话当回事，他依然对"豹"式坦克莫名其妙地充满信心，正如他毫无来由地对即将开始的库尔斯克会战的胜利深信不疑一样。

在接下来的会议中，以莫德尔和古德里安为一方，以克鲁格和蔡茨勒为另一方，进行了激烈的争论，双方分歧难以弥合。克鲁格和曼施坦因同意"堡垒"作战计划，但是不同意拖延，而古德里安和莫德尔预计进攻很难成功，于是竭力反对实施"堡垒"作战计划。最后，双方的争论演变成了私人恩怨，一向视古德里安为宿敌的克鲁格被激怒了。会议之后的几天，克鲁格竟然要求与古德里安决斗，并邀请希特勒当他的见证人。

会议最终在没有得出任何结论的情况下宣告结束，希特勒不得不宣布推迟"堡垒"作战的进攻时间。然而，值得注意的是曼施坦因在他的回忆录中声称他当时认为"堡垒"计划的最佳时期已经过去，因而倾向于取消这个攻势。曼施坦因事后把"堡垒"作战延期以至失败归咎于希特勒的独断专行，是希特勒的犹豫不决导致的。

曼施坦因这样说显然有失公允。首先，德军预计在4月最迟5月初发起进攻的前提是：苏军在战败后尚来不及恢复元气及其增援部队尚来不及赶到。其次，由于泥泞季节结束较晚，德军不可能在5月中旬前发动进攻，而到那时苏军的防御体系已经基本完成，等待着德国人的将是一场代价高昂的正面进攻。更重要的是，德军当时的实力已经无法支撑如此规模的进攻战役了。

在这种情况下，要想打赢一场进攻战役，德军必须做到以下几点：一是后方工业能够生产出足够多的武器；二是这些武器运送到前线，需要花费相当一段时间，因为苏联境内的路况很差，而且苏联游击队在后方不断发动"铁路之战"，对德军的补给线造成了很大的破坏；三是在武器运到前线后，部队需要时间掌握；四是前线那些精疲力竭的部队需要时间休整，缺额需要补充，新兵训练也需要时间；五是要在前线聚集足够发动一场攻势的弹药和粮草。

上述这些要在短短的1个多月内来完成，显然是不现实的。即便是7月初德军发动攻势，其装甲师平均拥有的坦克数量也只有100辆。

◎ 希特勒的"王牌"

　　虽然"堡垒"行动遭到不少人的反对，希特勒仍然坚持实施"堡垒"攻势计划。希特勒的这个决定是源于他对"闪电战"的过度自信。从波兰战役以来，德军的"闪电战"从来没有在战役范围内失败过，不管对手的防御设施有多么完善，最终总能突破成功，而几次失败的战役都发生在德军已经前进了数百公里以后。虽然这次希特勒对苏军的坚强防御有些担心，但是他所担心的是要花费多大的代价才能突破，能消灭多少苏军。一旦取胜后，有无余力发动进一步攻势，他从来没有想过进攻会遭到失败。如果说反对意见也起到一点作用的话，那就是"堡垒"攻势进一步被推迟。希特勒认识到"堡垒"作战的重要性，而他也清楚一旦失败会导致的严重后果，既然现在突袭的最佳时机已经错过，那干脆就决定把发起进攻的时间推迟到准备充分为止。于是，"堡垒"作战就被推迟到了 6 月，尽管由于曼施坦因和克鲁格一再催促发动进攻，但是希特勒认为应该聚集更多的物资，准备得更充分一些。

毕竟，库尔斯克战役是关乎命运的一场大决战。由于战场形势的急转直下和轴心集团内部日益明显的分裂倾向，希特勒把打赢库尔斯克战役作为扭转战局重新聚合轴心势力的战略举措。他打算以大规模的坦克集群在库尔斯克突出部对苏联发动一场凶猛的铁甲闪电战，而此次会战的胜利与否的决定性因素则是"虎"式与"豹"式坦克和"斐迪南"式战车。

坦克，这个一战期间，为了突破堑壕纵横、铁丝密布、碉堡林立、机枪大量使用的敌方防线而诞生的集机动、进攻和防御为一身的陆上武器，一向是希特勒闪电战的撒手锏。1943 年年初，德国第一批"豹"式坦克加紧生产出来。该坦克重达 43 吨，最大时速 40 公里，最大装甲厚度 80 毫米，装有一门可发射次口径脱壳穿甲弹的 75 毫米口径炮。由于"豹"式坦克比最初设计重得多，其引擎与传送带承受了过重的压力，因此一直为频繁的机械故障所困扰。

德国"虎"式坦克当初的设计重量是 45 吨，前装甲厚度是 80 毫米，但是被苏军的 T-34 型坦克打怕的希特勒觉得这还不够，下令将装甲厚度提高到 110 毫米，结果自重达到了 56 吨。"虎"式坦克在工程设计上独具一格，除炮塔外可谓完美无瑕。坦克的悬挂系统采用了大负重三轮交叉、扭杆式装置，大大提高了履带的宽度、通行能力和行驶的平稳性。更为特色的是它的动力和传动系统，使用的是燃－电动力传动方式，以一台 650 马力的汽油机为动力，先带动发动机，再驱动两台能带动两条履带的电动机，这样就可以用改变两台电动机的转速来转向，像开汽车一样操作方向盘。当然，这种燃－电传动方式结构复杂，故障率自然很高，对作战很不利。除此之外，"虎"式坦克还安装有一门威力巨大的 88 毫米口径坦克炮，但因炮塔太重，又没有助动系统，炮手需要摇手柄 720 圈才能使炮塔转一圈，所以反应速度很慢。英国陆军曾计算出：一个赤手空拳的人只要在距"虎"式坦克 50 米以内围着坦克小跑，就能让炮手不停地摇，直到累死，也打不着这个人。"虎"式坦克的公路最大行驶时速为 40 公里，但其行程只有 90 公里。因此，虽然"虎"式坦克在装甲和火力上与苏军坦克接近，而且战场机动性上还略胜于后者，但火力、机动、防护和可靠性、简便性等综合指数却大大逊于苏军的 T-34 重型坦克。

德国"虎"式坦克

"虎"式坦克在防御时具有巨大的威力，一旦进行远距离机动总是出故障或被苏军 T-34 型坦克绕到侧面击毁。装甲兵总监古德里安已经清楚地意识到"虎"式和"豹"式两种坦克存在的问题，但是希特勒非常欣赏这两种坦克，对它们的威力甚至达到了盲目崇拜的地步。在斯大林格勒战役中，他曾经天真地以为只要使用两个"虎"式坦克营就可以救出陷入重围的第六集团军。这次，希特勒又把扭转东线颓势的希望寄托在这两种新型坦克上，他认为手中的这两张"王牌"是不可战胜的，坚信这两种坦克能够突破苏军坚固的防线。

为了增加胜算的可能性，希特勒命令德国军工界临时拼装了 90 辆新型"斐迪南"式战车。"斐迪南"式战车装有威力巨大的 88 毫米口径火炮，其前装甲厚度至少 201 毫米，一前一后两个引擎。但是，由于它的重量高达 66.9 吨，笨重庞大的身躯机动性自然受到很大影响，加上没有装备近距离防御所用的机关炮，因此只能为高处提供火力支援。

希特勒深知一再推迟"堡垒"作战计划的风险，但是他还是对上述新式武器寄予了很高的期望。自 1943 年 3 月 1 日，第一批 21 辆"豹"式坦克首次装备德军部队开始到推迟的"堡垒"行动最终开始之前，共有 421 辆新型突击战车装备了德军部队。其中包括 200 辆"豹"式坦克、131 辆"虎"式坦克和 90 辆"斐迪南"式战车。希特勒相信，凭借这 3 张王牌，德军势不可当的"堡垒"攻势将彻底摧毁苏军所有防御阵地，并再次掀起"闪电"旋风。

◎ 空战在库尔斯克上空打响

5月4日，苏联最高统帅部给西方、布良斯克、中央、沃罗涅日、西南和南方等方面军军事委员会下达了第一次空中战役的命令。命令要求完成消灭机场和空中的德军飞机以及破坏德军铁路输送和公路运输的任务。命令明确指出："对敌人的列车实施突击以及攻击敌汽车纵队是我空军最重要的任务。"战役时间定于5月6日，各方面军空军集团军对德军机场实施第一次密集突击的时间从4时30分开始到5时止。之后的3个昼夜必须不间断地对德军航空兵实施打击，对铁路目标的轰炸应持续10个昼夜。

为了完成上述任务，苏军动用了加里宁、西方、布良斯克、中央、沃罗涅日、西南和南方等方面军的航空兵以及远程航空兵。苏军前线航空兵实施突击的地带极宽，突击深度远至战线以后200到250公里，远程航空兵突击深度更是达到了350到400公里。每个空军集团军派出一个强击机团和一个歼击机团，采取"游猎"战法消灭敌方机车、列车和汽车，仅空军第十六和第二集团军即为此目的出动了近 2000 架次飞机。

5月5日，苏联空军总司令诺维科夫向各方面军空军集团军司令员下达了执行最高统帅部空中战役任务的训令。训令指出，对已查明有敌机集结的各主要机场，航空兵应同时实施突击；在战役第 1 日应压制住德军大部分航空兵；当日白天对德军机场进行反复突击，夜间则出动夜航轰炸机。在发动突击之后的两天内，要继续消灭各主要机场和新发现的机场上的敌机。训令中还指出，"必须使用大机群对敌人机场实施突击，并注意抽调足够数量的飞机以压制敌人的高射武器。"

苏军参加第一次空中战役的有 6 个空军集团军，它们分别是：西方面军空军第一集团军，布良斯克方面军空军第十五集团军，中央方面军空军第十六集团军，沃罗涅日方面军空军第二集团军，西南方面军空军第十七集团军和南方面军空军第八集团军。

5月6日4时30分，苏军如期发动了第 1 次空中战役，出动112 架轰炸机、156 架强击机和166 架歼击机，在 1200 公里长的战线上同时空袭德军的17 个机场，并从空中对德军战斗机的部分机场进行了封锁。德国空军仓促应战，来不及进行有组织的对抗，结果在机场上损失飞机 194 架，空战中损失21 架，而苏军只损失了 21 架飞机。

下午 3 时，苏军发动第 2 次空袭，出动飞机 372 架，空袭了德军 20 个机场。这一次，德军有了准备，所有防空武器处于一级战备状态，很多战斗机在空中巡逻，防空部队在机场负责拦截。苏军飞行员突破了德军的猛烈抵抗后，击毁击伤机场上的德机 134 架。在空战中，苏军击落德机 24 架，而自己则损失了 46 架飞机。

同一天，希特勒的冲锋队参谋长维克多·卢策在一次高速公路的事故中丧生。希特勒想利用国葬来表示他对冲锋队的怀旧之情。在宴请纳粹党的领导人时，希特勒发表了演讲。他严肃认真地重复着老套的话，警告在座的党首们不要在高速公路上疯狂行驶，这种事似乎担任高级职务的人经常干。随后，希特勒向他的地方长官们大肆宣讲战争的意义。他一再重复，这场战争是以资产阶级和革命国家之间的一场战斗开始的，在战斗中，前者曾轻而易举地被推翻了。但是，现在，在东方，他们面对着一个和他们自己一样思想坚定的国家，它的犹太布尔什维克的思想渗透进军队，这种热情和精神只有他的党卫军的师能比得上。这就是为什么必须把犹太人赶出欧洲的原因。

说到这里，希特勒提高了嗓门："在战前的大清洗中，斯大林没有毁灭红军，相反却加强了红军。与此同时，采用政委制使军队的战斗力普遍增强了。25年来，斯大林残酷无情地干掉了他的反对者，因为没有教会分子对他加以限制。我常常担心的是，我们日耳曼民族不能永远保持我们在东方巨大的劳动力储备上的优势。成吉思汗的部落会不等德意志帝国有力量把他们挡住，就已经深入到被称作闪光宝石的欧洲中心。现在，我们必须独自首先反对亚洲。施佩尔庞大的坦克计划将保证东线的胜利，而邓尼茨的潜艇将会把西方犹太人养育的战争贩子置于绝境。自从'巴巴罗萨'开始以来，斯大林已失去了1300万士兵。因此，即将来临的夏季攻势具有非常重要的意义，德国支配全欧洲的时代马上来了！"

5月7日凌晨，苏军发动了第3次空袭，出动飞机405架，空袭了德军22个机场，摧毁机场上的德机93架。在空战中，苏军击落德机29架，而自己损失了48架飞机。

5月8日，德军被迫把大量飞机转移至后方。留在前线附近的轰炸机进行了紧急疏散和伪装，并且调来更多的战斗机。为了实现远程警戒和给己方飞机导航，德军建立了雷达网，使用小型战斗机狙击队沿前线上空巡逻。

这一天，苏军出动181架飞机，此次空战只消灭了6架德机，苏军损失了8架。鉴于开始实施突击时的突然性已不复存在，苏军最高统帅部大本营下令暂停对德军机场的空袭。第一次空中战役就这样结束了。第一次空中战役作为苏联卫国战争时期众所周知的一次规模最大的空中战役，极大地鼓舞了苏联军队的士气。尽管在这次战役中，德军的空军力量并没有遭到完全毁灭，仍能对其部队进行支援，且有能力继续袭击苏联重要的铁路枢纽、工业中心和机场，但是这次战役的结果是使战线中段和南段苏军的空中形势大为改观。

5月10日，希特勒约见装甲兵总监古德里安。古德里安劝他不要发动"堡垒"攻势。希特勒说："我能理解你的心情，你的意见是正确的。"然而，在德军最高统帅部参谋总长凯特尔和北方集团军群总司令屈希勒尔的劝说下，希特勒最终还是同意发动这次大规模的进攻战役，他认为那将会是人类历史上最大的坦克大会战。很快，希特勒又变得犹豫不决起来，但在中央集团军群总司令克鲁格和陆军参谋总长蔡茨勒等人的劝说下，"堡垒"攻势计划延迟到7月5日实施。

5月13日，苏军空军总司令诺维科夫向斯大林汇报空战情况："这次战役，我军共出动飞机1392架次，摧毁德机场上的飞机372架，击伤51架。在空战中，我军击落德机67架，击伤10架。德军共损失飞机501架，我军先后损失122架。"

5 月 22 日，德国空军向库尔斯克铁路枢纽发动了大规模空袭，一次就出动了 437 架轰炸机、130 架战斗机。苏联空军紧急出动 386 架战斗机，双方在库尔斯克上空展开了激烈的大空战。结果，约有 100 架德国飞机突破苏军防线，向库尔斯克铁路枢纽投掷了炸弹，导致铁路瘫痪了 12 个小时。这是德军在苏德战争中，最后一次在白天发动的大规模空袭。后来，德军的空袭改为夜间进行。

◎ 密集空袭

5 月 24 日，苏共中央通过了《关于改组红军中党和共青团组织机构及加强方面军、集团军和师报纸作用的决议》。苏联政府加强了共产党的作用，改进了对部队的政治教育，这对进一步提高红军的战斗力有着非凡的意义。从此，共产党员成为红军的灵魂，广大官兵紧紧团结在共产党的周围，广大共产党员以模范行动鼓舞着部队的士气，为取得新的胜利奠定了雄厚的基础。苏军军官的指挥能力大大提高，到 1943 年夏季，苏军的军一级编制工作终于完成，组建了很多装甲部队、兵团和军团，增设了炮兵兵团，从而使苏军在战场的决定性方向上集中了更多的火力。另外，苏军工程兵、通信兵等特种兵的素质也有了很大提高。

5 月份，德军航空兵出动了近 170 架轰炸机对苏联进行了第一次密集空袭。然而，由于苏军早有准备，苏联空军第十六和第二集团军以及国土防空军歼击航空兵第一〇一师的歼击机进行了反击。在苏军飞行员的顽强攻击下，大多数德军轰炸机群在飞抵轰炸城市之前，即在附近空域被驱散。

6月2日夜，德军航空兵对库尔斯克铁路枢纽进行了更大规模的轰炸。为了达到瘫痪库尔斯克铁路枢纽的目的，德军扩大了空袭规模。参加此次空袭的飞机达543架，其中轰炸机424架。为了截击这些飞机，苏联空军前线航空兵第十六和第二集团军出动了280架歼击机，国土防空军歼击航空兵第一〇一师出动了106架歼击机。此外，库尔斯克防空集群的高射炮兵也参加了抗击德军轰炸机的战斗。

德军的空袭是分为5个梯队，由130余架轰炸机和30架护航歼击机组成的第一飞行梯队，遭到了从奥廖尔方向起飞的苏联空军第十六集团军歼击机的迎击。在空战中，有58架德军飞机被击落，只有少数轰炸机飞抵铁路枢纽。德军的第二和第三梯队有轰炸机120架，护航歼击机55架。苏军歼击机86架起飞迎击，击落德机34架。德军第四和第五两个梯队有轰炸机167架和歼击机14架，它们从奥博扬方向，以6000至7000米高度飞向库尔斯克。为抗击德机的袭击，苏军出动了205架歼击机，但是苏军没有把德军的轰炸机群全部截住。有将近100架德机突至库尔斯克，对铁路枢纽进行了轰炸，造成该枢纽交通中断达12小时之久。然而，德军也付出了昂贵的代价。德国空军一天之内就损失了飞机145架，而苏军航空兵仅损失27架歼击机。同时，对库尔斯克实施的密集空袭也是德军在苏德战争期间对苏联后方目标实施的最后一次大规模白昼袭击。由于德军指挥部担心再次遭到重大损失，从此德国轰炸航空兵的主要力量改为夜间行动。

6月3日夜，德军第四航空队、第一航空兵师出动168架轰炸机，从布良斯克和顿巴斯等地的机场起飞，飞行近600公里，空袭了高尔基地区的坦克工厂。苏军防空部队在那里拥有 47 个歼击机机组、中口径高射炮 433 门、小口径高射炮 82 门、炮瞄雷达 13 部、雷达 2 部、探照灯 23 部、拦阻气球 107 个。德机疏散飞行，从不同方向飞临目标区，甚至采用降低发动机噪音的方法，结果 149 架轰炸机投掷了 224 吨炸弹，有 5 架轰炸机被击落。

6 月 4 日夜，德军出动飞机 128 架，对高尔基地区发动空袭，投弹 179 吨。

6 月 5 日，德国最高统帅部参谋总长凯特尔在元首大本营发表演说时称："德国拥有这样的军事工业实力和这样的装备不仅可以弥补众所周知的事件造成的物质损失，而且可以使德国军队的装备达到前所未有的水平。"

同一天，德国军备与战时生产部部长施佩尔在柏林纳粹党干部会议上发表演说："我们向前线提供的新武器、新坦克、飞机和潜艇，其数量足以使我军士兵不仅赢得这次战役，而且赢得最后的胜利。"

夜间，德军出动飞机 154 架，对高尔基地区再次发动空袭，投弹 242 吨。

为了夺取库尔斯克大战中的制空权，从 6 月 8 日至 10 日，苏军发动了第 2 次空中战役。这一次，苏军投入了空军第一、第二、第十五集团军和远程航空兵团，试图歼灭德军轰炸航空兵集团。苏军的空袭重点是布良斯克、卡拉切夫、奥廖尔、哈尔科夫、斯大林诺、扎波罗热等地的德军机场。

6 月 8 日夜，苏军第一、第二、第十五航空集团军和远程轰炸航空兵团开始对德军发动第 2 次空中战役。苏联空军对德军在谢沙、布良斯克、卡拉切夫、奥廖尔和博罗夫斯科耶等地机场进行猛烈轰炸。与第 1 次空中战役不同，苏军这次之所以选择晚间而不是清晨实施空袭，是为更好地达成空袭的突然性。选择这些机场，是因为对苏联发动夜袭的飞机都是从这些机场起飞的。然而，这次空袭没有取得预期效果。随后的几天内，苏联空军第一集团军又出动 160 架飞机空袭了谢沙机场，出动 113 架飞机空袭布良斯克机场。通过几次突击，击毁德军 76 架飞机，击落 14 架。与此同时，苏军远程轰炸航空兵在 3 个夜间轰炸了谢沙、布良斯克、奥尔苏菲耶沃、卡拉切夫、扎波罗热、斯大林诺、博罗夫斯科耶、克林崔等地的机场，共出动飞机达 3360 架次。在 3 天的空中轰炸中，德军共有 28 个机场遭到袭击，245 架战机被击毁。

　　苏军经过两次空中战役改善了空战态势，为在库尔斯克会战中夺取制空权奠定了良好的基础。然而，苏德双方发动的空袭都无法切断对方的军事运输线，造成的人力和物力损失都在可承受范围，双方的空军损失都很大。四五月间，德军在苏联战场上损失 256 架战斗机、245 架轰炸机和 115 架俯冲轰炸机。6 月，德军又在苏联战场上损失了 487 架飞机。

◎ 疯狂集结部队

　　根据苏军的统计，德军的远程空袭共发动了17次，一直持续到6月27日，苏军的防空部队无力阻止德机的夜间轰炸，对此苏联最高统帅部非常不满。由此可见，苏军高射炮部队的素质较低，战斗机不太适应夜战。

　　苏德双方空袭的宣传意义远超战略价值。在双方忙于空袭对方前线机场、朝不保夕的情况下，双方均无法出动太多的飞机来维持大规模的空袭。空袭经验表明，苏军具有惊人的忍受猛烈炮击和轰炸的能力，在遭受德军炮兵和航空兵的打击而损失惨重时，仍能坚决执行预定计划。

　　苏军面对德军猛烈的空袭没有出现恐慌，这一点并不是在这时才表现出来的。这个问题使德军将领们感到吃惊，不管是空袭还是炮弹的爆炸都不能动摇苏军的斗志。德国人在战斗中发现，苏军官兵性格坚强，训练有素，能不折不扣地执行军令。红军有着钢铁般的纪律，政委们给予的惩罚是非常残酷的。无条件执行军令是苏军的特征。经常出现这种情况，在四面受敌的情况下，虽然部队被炮火打得混乱不堪，仍然可以收拢部队坚持作战。

对此，曼施坦因在回忆录中写道："使我无法理解的是，苏军对碉堡和阵地能够死守不放，我们只能抓住几个俘虏。这些苏联人宁可战死，也不投降，这导致我军伤亡惨重。"

曼施坦因将苏军军官的情况，归纳为以下几点：

1. 几乎在任何情况下，都能坚决执行军令。不论遇到什么情况，不论敌军多么强大，更不管己方部队的损失，都会坚决执行军令。这种指挥方法虽然有很大的缺陷，也有很多好处。

2. 苏军拥有取之不尽的人力资源来补充兵力。苏军经得起战斗损失，所以他们对兵力损失不太在乎。

3. 德军在计划作战行动时，必须考虑苏军的反应。有时候，顽强的苏军在不太厉害的炮火下却惊慌失措。然而，这种情况是非常少的，如果德军不考虑这一点，很可能犯大错误。把苏军的顽强估计高一些总会有好处的，苏军的软弱只是极少数现象，永远都不能认为苏军经受不住战争的考验。

让曼施坦因感到不安的是，1943年夏季以来，苏德战争的重点转到了苏联战场的中央地段。斯大林格勒战役结束以后，苏军已经把战线向西推进了600多公里。在库尔斯克地区形成了深入德军防线的突出部。苏军控制着如此长的突出部，像尖刀一样可以对奥廖尔和别尔哥罗德地区实施深远突击，为解放整个乌克兰、顿巴斯和白俄罗斯创造了有利的条件。

6月22日，希特勒签署了关于提高步兵战斗力的第15号命令。命令指出："在战争的第4年，由于一些十分自然原因，在承担最重大牺牲和损失优秀人员的步兵中出现了下级军官训练不够、后备力量不足和办事质量不佳的明显现象，靠青年补充这一队伍的工作也遇到了困难。克服这些不足之处乃是各级军事长官的职责……"

在为战争进行积极准备的同时，根据"堡垒"作战计划，希特勒开始向库尔斯克地区集结强大的兵力。为确保此次战役的顺利完成，德军在库尔斯克集中了中央集团军群所属的第九、第二集团军和南方集团军群所属的第四装甲集团军、肯普夫战役集群。

中央集团军群总司令克鲁格陆军元帅参加过第一次世界大战，战后长期在司令部担任参谋，主张恢复德国的军事实力。1939 年任第四集团军司令员。1940 年晋升为元帅。1941 年 12 月任中央集团军群总司令。克鲁格是德国著名将领之一，指挥作战稳重，深得希特勒信任。中央集团军群所属的第九集团军辖 23 个师，部署在奥廖尔以南，以 15 个师组成突击集团，主要任务是从北面向库尔斯克发起进攻。中央集团军群所属的第二集团军以 8 个师的兵力防守库尔斯克突出部的西部。

南方集团军群总司令曼施坦因，二战时期德国著名将领，也是希特勒比较看重的德军将领之一，曾经在斯大林格勒战役中担任顿河集团军群总司令。他于 1942 年 2 月开始担任南方集团军群总司令。南方集团军群所属的第四装甲集团军和肯普夫战役集群在别尔哥罗德地区分别以 8 个师和 6 个师组成突击集团，从南面向库尔斯克发起进攻。

另外，还有大约 20 个师在突击集团侧翼行动。第四、第六航空队的航空兵负责支援陆军。希特勒从别的部队调集兵力，从而使中央和南方两个集团军群齐装满员。其中，中央集团军群的第九集团军、南方集团军群的肯普夫战役集群和第四装甲集团军均获得大量补充兵员、技术兵器和武器装备。

希特勒疯狂地向库尔斯克地区集结部队，几乎将能够调来的部队都调来了，几乎将左邻的部队都调光了，并且还使用了全部的战役预备队。经过精心调集兵力兵器，德军在库尔斯克北面和南面聚集了 90 多万人，火炮和迫击炮 10000 门，坦克和强击火炮 2700 辆。大量的坦克、火炮聚集在库尔斯克附近地区，形成了人类战争史上最密集的钢铁大军。

在库尔斯克突出部，希特勒集中了强大的空军集团。德国及其轴心国成员在苏德战场上的 2980 架飞机中，其中就有 2000 多架用于参加此次进攻战役。在这些飞机中，有近 1000 架属第六航空队，驻扎在奥廖尔突出部的各个机场。另外第四航空队的 1000 多架飞机驻扎在哈尔科夫和波尔塔瓦地区的各个机场。德军这两个航空队拥有 1000 多架轰炸机。另外，希特勒还为各航空队补充了新型军用飞机，包括"亨克尔 –111"式轰炸机、新型的"FV–190A"式歼击机和"汉舍尔 –129"式强击机。

希特勒准备将这些战斗机用于库尔斯克以北和以南地区，在空战中钳制苏军航空兵，同时以密集的突击压制苏军，从而保障坦克集团迅速向库尔斯克突破。在莫斯科和斯大林格勒附近丧失了制空权的德国空军部队指挥部的指挥官们准备在库尔斯克大显身手。他们向希特勒保证，在莫斯科和斯大林格勒的失利完全是冬季气候条件所致，在这次夏季攻势中德军一定能够重新掌握制空权。

到 1943 年 7 月前夕，希特勒已经在库尔斯克地区汇集了最大的力量，以保证"堡垒"攻势的顺利展开。在这里的总兵力达到了 50 个师、3 个独立坦克营和 8 个强击火炮营。这相当于苏德战场上德军 70% 的装甲师，近 30% 的摩托化师和步兵兵团的 20% 以上的步兵师。在这里活动的飞机占其在东线活动作战飞机的 65% 以上。显而易见，希特勒为了实现其作战计划，在库尔斯克突出部投下了巨大的赌注。

7月1日，希特勒接见了参加"堡垒"攻势计划的军以上高级军官。他先讲了战争形势，大骂意大利军队是造成德军各种灾难的罪魁祸首。他还说罗马尼亚人和匈牙利人也靠不住了，芬兰小国已经没有钱打仗了，"德国必须守住夺取的生存空间，这一点要使全体官兵都知道，他们要与阵地共存亡。无论苏联战争会怎样，德国都不能放弃巴尔干半岛。克里特岛也必须守住，绝不能让英美在那里再开辟另一个战场"。希特勒没有否认德军在苏联面临许多危机，但是他认为苏军为了冬季攻势在夏季是不会发动大规模进攻的。希特勒没有否认"堡垒"行动是一场豪赌，但是他相信德军会胜利的。这时，曼施坦因等陆军将领们认为应该放弃"堡垒"计划。

同一天，苏联最高统帅部根据有关情报判断，德军的攻击行动正在迫近，于是警告所有指战员，德军可能在7月3～6日发起攻击，前线苏军随即进入高度警戒状态。

7月4日，曼施坦因的南方集团军群沿库尔斯克突出部南翼展开了准备性的作战行动。这些在叶尔索夫卡和别克托夫卡的攻击行动保证了第2天早上的主要攻击有一个良好的发起阵地。南方集团军群辖西面的第四装甲集团军与稍东的肯普夫战役集群，共6个装甲师、4个装甲护卫师、10个步兵师以及独立的"豹"式坦克装甲旅，总兵力达349000人，装备有1514辆突击战车，包括"堡垒"行动中投入的631辆 IV 型坦克中的358辆、全部的200辆"豹"式坦克以及131辆"虎"式坦克中的102辆。这些装甲力量清楚地表明南线是德军的主攻方向。

与德军南方集团军群对阵的是苏军沃罗涅日方面军的466000名士兵与

1700 辆突击战车，再加上拥有 204000 名士兵和 265 辆坦克的预备队。苏军的防御阵线依库尔斯克突出部南部而建，沿着柔和起伏的山脊从西向东延展，从高处流下来的河流如朴肖尔河、北顿涅茨河通过山脊向东北流去。

4 日下午，德军在库尔斯克突出部正南面的苏军近卫第六集团军阵地上进行了战斗侦察。苏军与德军展开了长达 5 个小时的激战，德军无法深入苏军防线侦察。

4 日 22 时，苏军一支巡逻队俘获了一名德军士兵，这名士兵透露了德军将于次日黎明发起总攻的情报。这虽与两个月以来从其他战俘口中获得的情况相符，苏军还是对这份情报的可靠性进行了分析。

截至 7 月 5 日，苏军中央方面军与沃罗涅日方面军在库尔斯克突出部构筑了坚固的防御阵地。该阵地由数百个单个步兵防御点组成，主要装备有性能优良的 76 毫米口径火炮，形成了强有力的综合反坦克防御阵地。每个单个的阵地挖有散兵坑、战壕和地下碉堡，并有 T-34/76 型坦克和隐蔽的反坦克炮的掩护。分散的各个阵地由深埋的电话线联系在一起，这些电话线不可思议地穿过了密集的反坦克与杀伤性雷区。

苏军还构筑了一个后备阵地，即用来防止德军突破突出部后面沿顿河伸展的 7 个防御阵地。在这些战术阵地上，除了驻守在纵深处的预备队外，中央方面军与沃罗涅日方面军集结了 98 万人的兵力，装备有 19000 门火炮与迫击炮、520 辆"喀秋莎"火箭炮车和 3300 辆突击战车，其中大部分都是机动性、装甲保护良好、有致命杀伤力的 T-34/76 型坦克，还包括 KV-1 重型坦克，苏 -76、苏 -122 攻击炮与侦察用 T-70 轻型坦克。另外，苏军西方面军还调遣了拥有 600 辆突击战车的 38 万人的预备队，以及作为后方预备队驻守在顿河的草原方面军的 1500 辆坦克和 50 万士兵。

第四章　铁甲绞杀

在索博罗夫卡和波内里之间的村庄里，一场大规模的坦克战即将展开。2000多辆坦克将在苏军中央方面军防线的中心地段为争夺高地展开激烈的对决。整整一天，苏德双方拼尽了全力，激烈的战斗让人喘不过气来。

◎ 疯狂进攻与钢铁防御

　　7月5日凌晨2时，苏军第十三集团军司令员普霍夫中将向朱可夫元帅报告，他们抓获了德军第六步兵师一名正在排雷的工兵，该工兵当时在为德军发起攻击开辟一条通道。据这名工兵推测攻击发起时间可能是凌晨3点。朱可夫经过认真考虑后，命令部队进入一级战备状态。苏军中央方面军司令员罗科索夫斯基随后决定开始准备强火力炮击。

　　7月5日凌晨2时20分，苏军中央方面军抢先向德军阵地发起攻击，库尔斯克会战正式爆发。德军的阵地瞬间变成了人间地狱。仅苏军第十三集团军、近卫第八、第七集团军就拥有2467门火炮、迫击炮和火箭炮，在每公里正面上平均部署了30～50门。在最重要的地段，苏军部署了60～70门。为了掩护反坦克阵地，该地域的苏军炮兵没有开炮。与此同时，空军出动了132架强击机和285架歼击机偷袭了8个德军机场，摧毁60架德机。库尔斯克上空爆发了激烈的空战。德国空军兵力不足，无力夺回制空权，但是仍出动了 300 多架轰炸机和 100 多架歼击机支援地面作战。

　　由于苏军抢先开炮，德军的进攻推迟了一两个小时，这就严重削弱了德军的突击力量。苏军沃罗涅日方面军的炮火更加猛烈，该方面军的火炮、迫击炮和火箭炮猛烈地轰击着德军步兵和装甲部队的队形。苏军近卫第六集团军司令员奇斯佳科夫在回忆录中这样写道："我军开炮后，我和参谋们都怀疑这个炮火准备是否实现了预期效果？然而，没有人说出来，但都在想这个问题。"苏军在托马罗夫卡、鲍里索夫卡和其他居民点发现了成千上万个德国人的坟墓，上面插着树枝制成的十字架。当地居民们告诉苏军，他们后来运走了无数被炮火击毙的德军官兵尸体。

　　5 时 30 分，由克鲁格元帅指挥的德中央集团军群才开始沿库尔斯克突出部北翼发起攻击。德军第九集团军的先头部队在长达 63 公里的正面对由苏军中央方面军防守的第一道防线发起攻击。第九集团军司令莫德尔将其他 5 个机械化师留作预备队。苏军则沿斯瓦帕山谷北面的山脊，尤其是西边的姆拉维尔村与东边的马洛阿香格尔斯克村之前的部分，由西向东构筑了防御阵地。

　　德军第九集团军辖 6 个装甲师、14 个步兵师和 1 个独立的"虎"式坦克营，共 335000 人，1009 辆突击战车，其中包括 273 辆 IV 型坦克、32 辆"虎"式坦克和 90 辆"斐迪南"式战车。这些部队被编成 4 个军，包括战力强悍的第四十一和第四十七装甲军。驻守在苏军第 1 道防线抗击这些德国军队的是第十三集团军（兵力 114000 人）和第七十集团军（兵力 96000 人）。在两个集团军的侧翼与后方，苏军中央方面军司令员罗科索夫斯基部署了配备有 840 辆突击战车的 315000 人的部队，另外还有 390 辆坦克和 185000 人的预备队。

德军第九集团军在集结部队时，便遭到苏军猛烈的炮击，前沿阵地被炸平，攻击行动宣告破产。苏军的情报系统随着战争的进展越来越有成效，它已探知了德军发动攻击的时间，因此罗科索夫斯基才能先发制人，炮轰敌军。德军的进攻虽然受挫，但是莫德尔的 10 支先头部队在"容克"87 型俯冲式轰炸机的掩护下仍然发动了强大的攻势。

德军的进攻遭到了苏军的顽强抵抗，许多坦克毁于密布的反坦克雷区和威力强大的 76 毫米口径反坦克炮以及苏军的空中打击。为了保证攻击的成效，莫德尔将两个预备装甲师投入正在格尼列兹与马洛阿尔汉格利斯克之间进行的战斗。德军尽管有强大的军队发起的多次攻击，有频繁的空中支援，第九集团军仍然步履艰难。

在苏军中央方面军防线上，德军从奥廖尔登陆场出发，主攻奥利霍瓦特卡，同时进攻马洛阿尔汉格利斯克和格尼列兹。在奥廖尔方向上的德军由第六航空队负责支援。第六航空队把所有飞机投入宽 25 ~ 30 公里，长不超过15 公里的防线上空。德军的每次空袭出动 100 ~ 150 架轰炸机，由近 60 架歼击机护航。首先升空迎战德机的是苏联空军第十六集团军第六军和近卫歼击航空兵第一师。当苏军得知德军主力将攻打奥利霍瓦特卡后，苏军的轰炸机和强击机在当天就分为多个小编队，以此空袭德军的坦克、火炮和步兵。

苏联空军第十六集团军的主力参战，使得苏军航空兵的攻击力大大增强。苏军轰炸航空兵第三军、航空兵混成第六军、近卫强击航空兵第二师、强击航空兵第二九九师纷纷参战。苏军每 6 ~ 8 架飞机组成一个编队，轮番空袭德军坦克和步兵。苏军强击机第一次使用了新式反坦克聚能炸弹，它能够烧穿德军的"虎"式和"豹"式坦克。苏军由于大量使用新式炸弹，仅强击航空兵第二九一师当天就炸毁了 30 辆德军坦克。德军很多坦克成了苏军飞机的靶子，德军装甲部队最害怕来自空中的威胁。

然而，德国人并没有被吓倒，他们的轰炸机装了有效攻击苏军坦克的机关炮等武器，对苏军坦克进行轮番俯冲轰炸，准确率非常高。德军轰炸机一个中队接一个中队地把炸弹投向苏军坦克，或用机关炮攻击苏军坦克，苏军一辆辆坦克被击毁。德军轰炸机飞行员翰斯·鲁德第一次袭击苏军装甲部队时，就击毁了 4 辆坦克。截至晚上，被他击毁的坦克达到了 12 辆。

苏军歼击机飞行员们为了支援地面部队，顽强地攻击着德军飞机。苏德双方仅仅在 5 日这一天就进行了编队空战 76 次，德军损失 106 架飞机，苏军损失 98 架。在大量飞机的支援下，苏军成功地顶住了德军的进攻。

◎ 夺回制空权

7 月 5 日，德军南方集团军群的第四装甲集团军在西面战区对苏军长达 40 公里的防御阵线发起攻击。向东不远，德军肯普夫战役集群向东北方向推进以掩护第四装甲集团军的右翼。德军这两支军队在苏军第 1 道防线遭遇近卫第六集团军（80000 人、155 辆突击战车、92 门"卡秋莎"火箭炮和 1680 门火炮）的顽强抵抗。

德军第四装甲集团军所属第四十八装甲军凭借第十装甲旅的"豹"式坦克，从托莫罗夫卡的西北面向切尔卡斯克耶和卡扎茨克耶发动攻击。东面不远，强大的党卫军第二装甲军（装备有 492 辆突击战车，包括 42 辆"虎"式坦克）从托莫罗夫卡的东北向拉科沃和雅科夫列沃进攻。

在德军第四十八装甲军的战区，强大的"大德意志"师坦克楔形编队在密集炮火的支援下，突向切尔卡斯克耶和卢查尼诺，其最终目标是夺取佩那河边的西尔泽沃村。据"大德意志"师坦克团的一名连长回忆，德军在切尔卡斯克耶方向上的进攻一开始进展得很顺利，但是苏军故意从附近的村庄撤退，将德军的坦克引向北面密度极高的雷区。"大德意志"师的坦克一陷入雷区，即遭到伪装巧妙的苏军76毫米口径反坦克炮、各型大炮与伊尔－2型轰炸机的猛烈打击。一小时内，36辆"豹"式坦克陷在村子附近的玉米地里动弹不得。尽管一开始即遭挫败，第四十八装甲军军所部3个装甲师组成的楔形编队（以"虎"式和"豹"式坦克为先锋）面对苏军的顽强抵抗仍然在频繁发动攻击，缓慢向前推进，当晚已深入苏军防线8公里，突破了苏军的第1道防线。

德军第四十八装甲军东面的党卫军第二装甲军的3个装甲师向北和东北面发起攻击。西面的警卫师向北进攻雅科夫列沃的中部，"帝国"师向北进攻卢赤基；"骷髅"装甲掷弹兵师从东面向东北进攻戈斯蒂什切沃。德军每个师派出的"虎"式坦克团组成了楔形编队的先锋，楔形编队西侧翼与后面部署着III型轻型坦克与IV型坦克及强击炮。紧随其后的是半履带车与卡车上的装甲榴弹炮。德军强悍的党卫军部队一整天都在连续的空中打击与极具杀伤力的"虎"式坦克的支援下冲击着苏军坚固的阵地和反坦克屏障。

日落时分，德国党卫军第二装甲军向前推进了20公里，到达苏军在卢赤基的第2道防线，这是整个"堡垒"行动中推进的最远界限。东面更远处的顿涅茨河一带，肯普夫战役集群发动的保护党卫军第二装甲军脆弱侧翼的攻势没有多大进展。布赖特的第三装甲军突击了苏军第2道防线上由第六十九集团军左翼和第七近卫集团军（总兵力76800人）守卫的阵地。肯普夫的4个师打过了北侧涅茨河，其中第十五师从对岸已占领的桥头堡发起攻击。由于第六十八步兵师没有突破米哈伊洛夫卡苏军强有力的防御，肯普夫将第六装甲师调到更有希望取得进展的地区。在更靠后的位置，德军第十九装甲师倚仗第五〇三重型坦克营的 45 辆"虎"式坦克向前推进了 6 公里。

7 月 5 日晚，苏军飞行员对德军坦克和预备队的集结阵地发动了空袭。当天晚上，苏军出动飞机 354 架次。

7 月 6 日拂晓，苏军侦察机侦察了德军装甲部队、摩托化步兵和炮兵的集结地带后，轰炸机编队和强击机编队马上升空，向德军阵地投下了大量的反坦克炸弹、杀伤弹和爆破弹。炸毁十几辆德军坦克后，苏军开始向德军发起集团冲锋。

苏军航空兵改进了指挥系统。歼击航空兵第六军军长和近卫歼击航空兵第一师师长亲临前线指挥所，指挥歼击机战斗。两人密切关注着空战情况，经常投入新的歼击队编队支援空战。苏军歼击机的巡逻空域包括德军阵地，结果德军轰炸机经常还未到达目标上空就遭到攻击。德国空军寡不敌众，其攻势越来越弱。与此相反，苏联空军不断得到加强和补充。

当初，苏军强击机和轰炸机是以 6 ~ 8 架飞机的小分队空袭德军坦克。后来，苏军以 30 ~ 40 架飞机的大编队集中空袭德军坦克。实践证明，如此编队防御能力更强，苏军歼击机更容易为大编队护航。大编队还可分出部分战机对付德军的高射炮。苏军机群的集中轰炸使德军的进攻部队损失惨重。从 7 月 7 日起，苏联空军完全掌握了战场上的制空权。

7 月 6 日，德军南方集团军群向两个方向发动了攻击：一个是东北方向的卢哈尼诺；另一个是奥博扬公路。在个别地段，每公里正面的德军坦克和自行火炮的密度高达 100 辆。在奥博扬方向，双方展开了大规模的坦克战。约 160 辆德军坦克分成 4 路纵队扑向恰帕耶夫、舍佩列夫卡。苏军近卫第九十步兵师、第六坦克军及独立的坦克和炮兵部队前去拦截。德军发起多次进攻，都被苏军击退。在奥博扬公路上，苏军第三机械化军与近400辆德军坦克交战。当天，德军发动了8次攻势，均被苏军击退。

在苏军的第2防御地带的雅科夫列沃，苏德双方爆发了激战。德军的王牌部队"阿道夫·希特勒"装甲师向苏军近卫第一坦克旅和近卫第五十一步兵师发起疯狂攻击。近卫第一坦克旅第二营首先与德军坦克遭遇。德军坦克开近时，藏在掩体内的苏军坦克突然将其击毁。一辆辆冒着火焰的T-34以绝对优势撞向德军坦克，德军坦克也开始燃烧，很快便爆炸了。

德军无力突破苏军第六坦克军和第三机械化军的防线，于是重新集结兵力，开始向近卫第五坦克军和近卫第五十一步兵师发起冲击，苏军坚决反击。

曼施坦因调来重兵突击苏军坦克第一集团军和近卫第五坦克军的接合部——奥博扬。17时，苏军坦克第十集团军第三十一军第一〇〇旅进入大马亚奇基，负责保障第二机械化军与近卫第五坦克军的接合部。坦克第一〇〇旅未能挡住德军的攻势，没能恢复态势。这样一来，苏军坦克第十集团军只能被迫转入防御。

18时30分，沃罗涅日方面军司令员瓦图丁向最高统帅斯大林报告了战况。瓦图丁请求斯大林再派4个坦克军和2个航空军支援沃罗涅日方面军。最高统帅部代表华西列夫斯基元帅与斯大林通电话时说："我认为派2个坦克军加强沃罗涅日方面军就足够了。其中一个坦克军调往奥博扬附近的普罗霍罗夫卡，另一个调往科罗恰。"

斯大林在电话中对瓦图丁说："在西方面军、布良斯克方面军和其他方面军发起进攻以前一定要防止德军突破。我同意华西列夫斯基同志的意见，给你们增援 2 个坦克军。"

晚上，沃罗涅日方面军向大马亚奇基一带调去第三十八集团军第一八〇、独立第一九二坦克旅和几个炮兵团和迫击炮团。苏军坦克第三十一军到达捷捷尔维诺，与近卫第五坦克军共同歼灭突入的德军，并在雅科夫列沃以东处恢复了态势。

同一天，德军第九集团军在北方对苏军第 2 道防线发起强有力的冲击，目的是夺取波尼里村和奥尔霍瓦特卡山脊之间的重要地段。第九集团军司令莫德尔希望从这些地方穿越最适合坦克作战的平原地带，向南面的库尔斯克迅速推进。为了阻止莫德尔的第九集团军，苏军中央方面军司令员罗科索夫斯基急调预备队前来增援。

苏军航空兵继续支援地面作战。苏军许多飞机从前线机场起飞，发动了猛烈的空袭。苏军战斗机群把德军飞机从战场上空驱逐。由于苏军参战的新型战机太多，德军空军根本不是对手。当天，苏军以不到 25 架飞机的损失，击毁德军 113 架飞机。

这一天，德军主要进攻部队均遭到重大损失，被迫放弃同时进攻小阿尔汉格尔斯克、奥利霍瓦特卡和格尼列兹。德军艰难地向前推进了 6～10 公里，损失 2.5 万多人，损失坦克和自行火炮 200 辆，以及大量其他武器。

◎ 你攻，我反击

7月7日拂晓，苏坦克第十六军对索波罗夫卡以北的德军阵地发起反击，并将其打退。德军第二装甲师随后赶到，所属第五〇五营的"虎"式坦克顶住了苏军的攻势并迅速进行了猛烈还击。在密集的"烟云"火箭炮的支援下，德军对奥尔霍瓦特卡与波尼里发动了频繁的猛烈的攻击。面对苏军的誓死抵抗，德军依靠密集的炮火和空中打击向前推进了2公里，终于接近了253高地附近波内里的边缘地带。

苏德双方都认为控制波内里地区对整个战局至关重要，因为波内里是奥廖尔和库尔斯克之间的一个重要的铁路枢纽，其位置非常重要。为了争夺波内里的控制权，德军第九集团军和苏军第十五集团军之间爆发了一场惨烈异常的大战。德军第四十一装甲军的第十八装甲师和第二九二步兵师对波内里接连发起了5次冲击，都被苏军第五〇七步兵师打退。由于地雷和重型火炮的攻击，双方大量的坦克被摧毁。当德军步兵试图绕过熊熊燃烧的坦克、穿过带铁丝网和城市周围其他障碍物时，苏军步兵的猛烈火力对其造成了很大的杀伤，遏制了德国人前进的步伐。当德军步兵在坦克的掩护下抵达波内里西北近郊时，苏军第三〇七步兵师突然发起猛烈反击，将其赶了回去，最终迫其撤退。

火箭炮

为了夺取波内里小镇及其周围地区，德军发动了多次攻击。午后刚过，德军便从北部、东部和西部3个方向对小镇发起突击，但是苏军牢牢地钉在阵地。随着战斗的进一步加剧，德军投入预备队，苏军第十三集团军司令员普霍夫急令增援部队赶赴该战区。

19时，德军60辆坦克和2个步兵师也投入了战斗。在德军猛烈的攻势下，苏军第三〇七步兵师被迫撤往波内里南部。德军继续进攻苏军防线。当天的战斗结束时，付出巨大代价的德军仅控制了波内里一半的区域。

就当争夺波内里的战斗达到白热化的时候，德军第四十七装甲军所属第二和第二十装甲师向南挺进，逼近奥尔霍瓦特卡。德军第九集团军司令莫德尔认为，从某种程度上来看，控制奥尔霍瓦特卡村庄比夺取波内里更重要。奥尔霍瓦特卡地势较高，居高临下，特别是274.4号高地，可谓进入库尔斯克的门户。莫德尔试图在夺取这一高地后，迅速投入预备队巩固阵地，以期扩大战果。之后，德军将与苏军尤其是苏军的装甲部队相遇，如此苏军将在地势上处于劣势。莫德尔相信这一劣势将会导致苏军的最终溃败。到时，德军将进入库尔斯克，实现与第四装甲集团军的会师。

苏军中央方面军司令员罗科索夫斯基早就预料到莫德尔会采取这样的行动，于是在7月6日夜晚，命令坦克第二集团军的第十六和第十九军开赴奥尔霍瓦特卡地区。同时，他还命令第三突击旅也赶赴该区域。虽然坦克军的反击未能起到决定性作用，但苏军坦克部队和两个近卫步兵师的配合，使得德军第二和第二十装甲师的坦克损失惨重。

下午3时许，在德军第五〇五"虎"式坦克师和第二十装甲师的支援下，第二装甲师凭借140辆坦克和50门突击炮，对萨姆杜罗夫卡和奥尔霍瓦特卡之间的苏军部队发动了又一次进攻，试图突破苏军防线，但是没有成功。在萨姆杜罗夫卡和奥尔霍瓦特卡周围，苏德双方进行了一整天的激战。战场上硝烟四起，被击毁的坦克燃起大火，滚滚浓烟弥漫着整个天空，枪炮声震耳欲聋。为了赢得胜利，苏德双方军队发起了接连不断的进攻与反攻，展开了异常惨烈的拉锯战。

在右翼，德军第四十六装甲军面对的是苏军第七十集团军。第四十六装甲军下属的 2 个步兵师为了争夺位于索洛索恩基的高地，与苏军第七十集团军第二八〇步兵师展开了一场激战。虽然这 2 个德军师占据了一座小山，但是很快就被苏军夺了回去。其间，双方均使用了预备队。德军向苏军第二八〇步兵师发动了数次攻击，但是没有取得多大战果。一直到当天战斗结束，德军的攻势收效仍然不大。

苏军坦克第二集团军和第十三集团军在 32 公里长的战线上遭遇了德军 7 个步兵师和 4 个装甲师的进攻。在索博罗夫卡和波内里之间的村庄里，一场大规模的坦克战即将展开。2000 多辆坦克将在苏联中央方面军防线的中心地段为争夺高地展开激烈的对决。整整一天，苏德双方拼尽了全力，激烈的战斗让人喘不过气来。

在德军第九集团军的东侧，苏军第七十四步兵师对德第七十八步兵师发动了 11 次攻击，均被德军打了回去。随着战斗损失的增大，德军越来越难以抵御苏军的进攻。为掩护地面部队的进攻，苏军第十二炮兵师集中火力猛轰德军阵地，厚厚的弹幕密不透风。当第七十八步兵师的阵地遭到削弱时，一个"斐迪南"坦克歼击车连急忙赶来增援。苏军的攻击力度尽管异常强悍，却仍然打不退前面的德军。

德军第九集团军在这一天略有收获，不过就整体而言，在付出了巨大的代价后，没能实现更大的目标，甚至在投入重型装甲部队后，仍然无法突破苏军的防线。苏军在大量炮兵部队的支援下，其防线难以撼动。德军坦克在进攻中遭到苏军反坦克炮的重创，无法得到有效补充。第九集团军的伤亡在最初 3 天的战斗中多达 10000 人，却只得到了 5000 人的兵员补充。另外，德军地面部队丧失了在战斗最初两天的空中支援。7 月 7 日开始，苏军中央方面军空军成功地实现了空战目标。大批苏军战斗机在战场上空巡逻，有力地满足了地面部队发出的空中支援的请求。随着更多的苏军飞机进入中央方面军的战场上空，德军飞机的损失数量开始大幅度增加。随着苏军飞机出动次数的日益增加，苏军取得了绝对的空中优势。

由于空军的拙劣表现，加上缺乏坦克和兵员补充，德军持续进攻的能力受到极大限制。就算在这种非常不利的情况下，第九集团军司令莫德尔仍然决定在第 2 天发动新一轮攻势。在夜幕的掩护下，第九集团军的 400 多辆坦克和 2 个步兵师悄悄进入波内里西部的 3 个村庄——斯诺瓦、波德索罗夫卡和索博罗夫卡的周围。令德国人没有想到的是，苏军也调集增援部队进入该区域，特别是在波内里的周围布下了重兵。苏军第七十集团军司令员加拉宁将第一四〇和第一六二步兵师调到特普鲁，并且命令这两个师继续保持高度戒备状态，随时准备抗击德军的大规模进攻。加拉宁还下令第一八一步兵师前移至接近德军的攻击地域，同时派第二二九和第二五九坦克团增援第十三集团军。

同日，南方战场也在进行着激烈的战斗。第四十八装甲军在德国空军200 多架飞机的掩护下，将苏军近卫第六集团军击退到奥博扬以南的第 2 道防线，顺势占领了拉科沃。不过，3 个德国装甲师向北面的推进遭到了从沃罗涅日方面军预备队调来的第二十七集团军的猛烈炮击。东面更远处，德国党卫军第二装甲军将苏军近卫第六集团军赶到了普罗霍罗夫卡，党卫军警卫师由"虎"式坦克引导的装甲楔形编队插入这一狭长地域，向前推进 8 公里，靠近了泰特罗维诺。再往东，德军肯普夫战役集群的 3 个装甲师依靠"虎"式坦克营将苏军从北顿涅茨河上的桥头堡附近驱出，迫使苏军向梅利克霍沃方向撤退 8 公里。

德军第四十八装甲军在西尔泽沃突破成功，但是苏军的猛烈反击再一次使德军无法利用稍纵即逝的良机扩大战果。同时，德国党卫军第二装甲军顶着苏军的不断还击缓慢向前推进。当党卫军这些"虎"式坦克用远距离火力压住苏军的前进势头时，党卫军工兵们悄悄地爬出隐蔽得很好的散兵坑，在密集的火力网中，将成排的盘状反坦克地雷埋在苏军装甲部队的后面。苏军 16 辆战车毁于"虎"式坦克的 88 毫米口径火炮后，苏军坦克在己方炮火的掩护下被迫撤退，7 辆 T-34 型坦克撤退时不幸遇上了盘状地雷。

这一天，苏军强击航空兵第一军发动了两次集中空袭，击退了在塞尔采沃、亚科夫列的德军装甲部队和步兵部队。

◎ 争夺，激烈的争夺

7 月 8 日清晨，德军南方集团军群在几十架飞机和大量炮兵的掩护下，发动了新一轮攻势，攻击的主要方向仍然是奥博扬。曼施坦因为此投入了 500 辆坦克、大量的步兵和炮兵，双方在宽约 30 公里的战场上展开了一场激战。

苏军在奥博扬公路地带顽强阻击着德军的优势兵力。在完成阻敌任务后，苏军主动撤至新谢洛夫克以南 2 公里的新阵地。同时，苏军对德军右翼发动了两次猛烈的反攻：一次是近卫第二坦克军在绍皮诺以北发动的；另一次是近卫第五坦克军从雅科夫列沃以北发动的。与此同时，苏军第二、第十坦克军和第四十集团军也发动了反攻。曼施坦因被迫分兵到这些方向加强防御，这样就使德军进攻奥博扬方向的兵力更加不足。

8 日下午，德军沿奥博扬公路再次发动进攻，并进抵上佩尼耶南郊。苏军近卫第六集团军立即向那里紧急增援了坦克第二〇〇旅、坦克第一一二旅和坦克第二十二旅、近卫第六十七步兵师和若干炮兵部队。为支援坦克第一集团军，苏军调来了坦克第十军、第三〇九步兵师和第四十集团军。

在上佩尼耶的战斗中，苏军近卫第十二反坦克歼击炮兵团顽强抵抗，表现最突出的是瞄准手沃斯特别利科夫和宰采夫。两人共击毁13辆德军坦克，被授予"苏联英雄"称号。

德军继续进攻近卫第七集团军的防线，并且在正面狭窄的地域上投入了约250辆坦克。苏军近卫第九十二、第九十四和第八十一步兵师承受了主要进攻。德军损失很大，终于攻下了梅列霍沃和米亚索耶多沃。德军虽然占领了梅列霍沃和米亚索耶多沃，但是该方向的主要支撑点仍被近卫第七集团军控制。由于苏军各集团军的顽强抵抗，德军在奥博扬的进攻失败了。这也同时意味着，苏军守住了第2防御地带。

库尔斯克突出部的大战引起了广大苏联民众的关注，他们认真收听广播、阅读报纸。满载坦克、燃油、弹药和食品的列车源源不断地运往库尔斯克。一支支新组建的部队徒步赶往库尔斯克州。苏军在战斗中消耗了大量的弹药尤其是炮弹，致使汽车运输异常繁忙。苏军后勤部队用卡车把弹药运送到各阵地。另外，苏军的伙食保障很到位，防御中各营的食品管理站配置在距离前线仅四五公里的地方。热食炊事车来往于各连的配置阵地，把装在保温桶中的食物送往坚守在堑壕和掩蔽部的指战员手中。

鉴于奥博扬方向的战斗异常激烈，苏联最高统帅部向近卫坦克第五集团军下达指示，必须在7月9日晚前把先头部队调往奥博扬、韦肖雷地段，后续部队在博布雷诺夫、中奥利尚卡、马里诺集结。为了加强奥博扬方向的攻击力量，沃罗涅日方面军司令员瓦图丁要求各集团军死守阵地，不准敌人突入奥博扬和普罗霍罗夫卡。

另外，德军在奥利霍瓦特卡方向发动了进攻。上午8时许，德军第四装甲师增援第二十装甲师，为争夺萨姆杜罗夫卡与苏军展开了激战。第四装甲师指挥官迪特里希·冯·绍肯将101辆坦克投入了战斗。与此同时，德军第二装甲师将所有118辆坦克投入奥尔霍瓦特卡正对面的苏军防线上，终于打开了通往特普鲁的道路。绍肯命令第四装甲师迅速推进，占领特普鲁和第272号高地。德军的"斯图卡"俯冲轰炸机为突进中的坦克和步兵提供空中掩护，轰炸了苏军的炮兵阵地。

苏军反坦克部队隐蔽在防护壕里，耐心地等候炮击结束，地面进攻开始。爆炸声震耳欲聋，空中到处弥漫着轰炸激起的烟尘。德军出动了"容克"-87飞机攻击隐蔽在战壕里的苏军。此外，在FW-190战斗机的护航下，"海因克尔"HS-120对地攻击机四处寻找苏军步兵和装甲部队的集结区。由于糟糕的天气，德国空军无法为地面部队提供全天候的空中支援和保护。

地面进攻开始后，德军遭遇猛烈的抵抗。苏军中央方面军司令员罗科索夫斯基早在6日夜间就将2个步兵师、1个火炮师、2个装甲旅和1个机械化步兵旅调来，加强了特普鲁的防御力量。德军第三十三装甲掷弹兵团的一个营率先发起攻击，最后至少有100人死于苏军的火炮和机枪之下。尽管伤亡很大，德军仍继续向前推进。苏军守备部队只得被迫撤离特普鲁。

苏军短距离的撤退后，重新集结于第272号高地，这是村庄附近的最后一块高地了。德军第四装甲师师长绍肯立即命令第三和第五十五装甲团对该高地发起猛烈攻击，试图阻止苏军组织新的防御或发起反攻。令德军没有料到的是苏军已经提前把第三反坦克火炮旅部署在高地上，并且进行了巧妙的伪装，埋伏在战壕里的T-34坦克为该旅提供支援。T-34坦克的侧翼则是装备了反坦克武器的步兵，他们能够在近距离内攻击敌军的坦克。当德军先头部队发起攻击时，埋伏在战壕里的苏军开始射击。

德国空军和坦克部队协同作战，对苏军阵地发起攻击，很快便摧毁了一个炮兵阵地，一发炸弹直接击中阵地上的最后一门大炮和炮手。最初几天，激烈的战斗发生在 272 高地。为争夺该高地，激战整整持续了 48 个小时。德军两次攻占这个高地，每次都被苏军在殊死反攻下夺了回去。德军第三十三装甲掷弹兵团一个营对 272 高地发动了第 3 次攻击，虽然再次夺取了该高地，但在苏军猛烈的反突击下再次失手。当硝烟散尽时，苏军第三反坦克火炮旅已经彻底丧失了战斗力。

随后，德军第四和第二十装甲师发动了 4 次攻击，试图突破苏军第七十和第十三集团军之间沿着山脊构筑的防线，其攻击锋芒直指近卫步兵第十七军。德军坦克在步兵掩护下，60 ～ 100 辆为一组，对萨姆杜罗夫卡、257 高地和奥尔霍瓦特卡的北面的山脊发起轮番冲击。257 高地是苏军近卫步兵第十七军的防御中心，苏德双方在该地展开了一场非常激烈的争夺战。虽然德军在 17 时成功占领了 257 高地，但是在进攻苏军近卫步兵第十七军的其他阵地时进展不大。为了将苏军逐出萨姆杜罗夫卡和奥尔霍瓦特卡，德军发动了多次进攻，均以失败告终。

◎ 再赌一把

当德军第二十装甲师继续进攻萨姆杜罗夫卡的时候，第四装甲师以坦克和突击炮开路，成功突破了苏军近卫步兵第一七五和第七十师防线的接合部，占领了特普鲁村庄。苏军中央方面军司令员罗科索夫斯基立即命令第一四〇步兵师和坦克第二集团军的近卫坦克第十一旅，开赴前线堵住这一缺口。在这些部队赶来增援时，苏军仍控制着村庄南面的山脊，战斗变得异常惨烈。德军的多次进攻都未能迫使苏军放弃这个山脊。

在德军一波又一波的疯狂进攻下，守卫特普鲁的苏军守备部队难以支撑只能被迫撤退，但是波内里周围的苏军仍然坚守着阵地，没有后退一步。虽然德军对波内里西面的苏军近卫第六步兵师的进攻略有收获，却没能越过波内里－霍夫特卡之间的道路。苏军坦克第十六和第十九军的坦克与反坦克炮、火炮一起构成了强大的火力防护网，有力地挡住了德军的进攻。随后，这两个坦克军发动了一系列的反击，迫使德军在进攻开始后不久便停了下来。当天，苏军增援部队近卫坦克第十一旅、第一二九坦克旅和近卫第四空降师陆续投入战斗，大大增强了苏军的防御力量。

在东部，争夺波内里的战斗也在继续进行。苏军第三〇七步兵师趁着夜晚整合所属部队，在破晓时分穿过躺满了许数苏军和德军士兵尸体的战场，绕过冒烟的坦克和火炮残骸，向德军发起反击，重新夺回了波内里北部。但是，对该阵地的争夺在未来两天内仍继续进行，战斗极其惨烈。苏德双方不失时机地把生力军投入战场。当天结束时，苏德双方仍然各自控制着小镇的一部分，谁也无法将对方彻底击退。

后来，德军的进攻势头有所减缓，莫德尔和他的军级指挥官们召开会议评估战场态势。由于苏军布设了大量地雷，并且构筑了强大的防御工事，德军仍然没有取得一次快速突破。此前，莫德尔不确信第九集团军能够快速突破苏军在库尔斯克的防线，而现在，他已经完全确信突破是不可能的了。在4天的血腥战斗中，数以万计的人员伤亡，大量坦克被毁。除非找到新的战术，否则要想突破苏军防线至少还需四五天的消耗战。然而，要采用新的战术，就必须有更多的兵员、坦克、物资和军需品。

在这天结束时，德军第九集团军司令莫德尔向中央集团军群总司令克鲁格汇报了战场形势。持续4天的激战使步兵和装甲部队精疲力竭、消耗殆尽。虽然空军倾巢出动支援地面攻势，但是受到燃料不足的限制，无法继续战斗。然而，克鲁格却要求莫德尔和他的第九集团军次日重新发起攻击。无奈之下，莫德尔只好重组部队，发布新的进攻命令，决定为夺取奥尔霍瓦特卡再赌一把。

德军第九集团军第四十七装甲军接到命令：7月9日重新组织进攻。"斯图卡"俯冲轰炸机和火炮将首先进行猛烈轰炸，为德军新的攻势开辟通道。

德军第二十、第四、第二和第九装甲师 5 个师以及第六步兵师将再次作为先头部队发起进攻，全力突破苏军防线。第四十七装甲军军长勒默尔森中将把第二坦克营和第四装甲师编成"伯梅斯特"装甲旅。夜晚时分，执行攻击任务的德军进入预定位置，准备随时发起进攻。勒默尔森在攻击部队前方集中了 300 辆坦克，步兵紧随其后进行支援。

7 月 9 日，德军从南面进攻奥博扬。南方集团军群集中了 5 个坦克师约 500 辆坦克，在正面 10 公里的地段上发起进攻。德军同时还投入了大量的航空兵，出动飞机高达 1500 架次以上。然而，苏军在兵力上拥有绝对优势。

瓦图丁指挥苏军沃罗涅日方面军继续在正面抵抗进攻奥博扬方向的德军，他在奥博扬公路地带投入了强大的炮兵集团。苏联最高统帅部调来大部分坦克预备队增援沃罗涅日方面军。

瓦图丁重新部署了沃罗涅日方面军。坦克第十军沿着普罗霍罗夫卡公路部署，坦克第二集团军负责据守防御阵地；坦克第十军归属坦克第一集团军，主要负责迟滞德军党卫军第二装甲军对于科切托夫卡的进攻，在实现迟滞德军进攻的目标后，防守位于弗拉基米罗夫卡的新的防御阵地；近卫坦克第五军从普罗霍罗夫卡以南地区调走，增援坦克第一集团军防守阵地或攻击德第四十八装甲军左翼。另外，瓦图丁还部署了其他部队，包括坦克、反坦克和炮兵团，用于支援坦克第一集团军。瓦图丁希望坦克第一集团军、近卫第六集团军和第六十九集团军能够守住防御阵地，并阻止德军向奥博扬和普罗霍罗夫卡进犯。

瓦图丁

　　瓦图丁，1901 年 12 月 16 日出生于沃罗涅日州瓦卢基区切普希诺镇，苏联战功卓著的军事将领，苏军少有的坦克战专家。他自幼勤奋好学，做事严谨，在中学和商业学校学习期间，学习成绩一直名列前茅，但是由于经济困难而辍学。1920 年，瓦图丁应征入伍。1921 年，加入共产党。参加过苏联内战，在卢甘斯克、斯塔罗别利斯克等地，曾与马赫诺匪帮作战。战后，他历任排长、连长、师部参谋、科长等职。

　　1922 年，瓦图丁从波尔塔瓦步兵学校毕业。1924 年，从基辅高级联合军事学校毕业。1934 年，从伏龙芝军事学院战役系毕业。1937 年，从总参军事学院毕业。瓦图丁通过长期的学习，逐渐掌握了现代军事理论和指挥大兵团作战的能力。

　　1931—1941 年，瓦图丁担任过师参谋长、西伯利亚军区司令部第 1 部部长、基辅特别军区副参谋长及参谋长、苏军副总参谋长、苏军作战部部长。1941 年 6 月 22 日，纳粹德国入侵苏联。6 月 30 日，瓦图丁调任西北方面军参谋长。当时，在列宁格勒会战中，西北方面军一败涂地，方面军司令部丧失了指挥能力。瓦图丁赴任后立即整顿司令部，重新征集散兵，使西北方面军迅速恢复了元气。瓦图丁曾指挥诺夫戈罗德战役集群击退了曼施坦因的第十一集团军对列宁格勒发动的多次进攻，并击退德军40多公里。

1942年5月，瓦图丁出任苏军副总参谋长，成为驻布良斯克方面军的统帅部代表，指挥布良斯克方面军作战。7月初，德军强渡顿河，进攻沃罗涅日州。瓦图丁调任沃罗涅日方面军司令员。面对德军的强大攻势，瓦图丁从严治军，整肃军容，处决一切胆敢破坏军纪者。他撤换了大批不称职的军官，大胆提拔作战勇敢的军官。在瓦图丁的指挥下，沃罗涅日方面军多次击退德军的进攻。瓦图丁擅长主动出击，并能从全局出发，配合其他方面军的行动，使德军向斯大林格勒和伏尔加河的推进速度减慢。在瓦图丁的指挥下，沃罗涅日方面军不仅粉碎了德军向沃罗涅日城的进攻，而且扰乱了德军对斯大林格勒的进攻计划。

1942年10月，瓦图丁改任西南方面军司令员，指挥西南方面军参加了斯大林格勒战役。瓦图丁提出了著名的斯大林格勒进攻战役计划，结果包围了斯大林格勒城内的25万德军。在进攻时，瓦图丁巧妙地指挥装甲部队，成功解决了进攻中使用装甲部队的问题。12月，他指挥西南方面军和沃罗涅日方面军左翼部队发动了"小土星"战役。此役使得保卢斯的33万被围部队陷入绝望，被迫于1943年2月2日全部投降。

瓦图丁率领西南方面军成功地解决了进攻战役中如何使用快速兵团扩大胜利以及结合正面进攻组织实施侧翼突击等问题，为斯大林格勒战役的最后胜利立下了汗马功劳。他也因此而获得一级苏沃洛夫勋章，并于2月12日晋升为大将，年仅42岁。斯大林格勒战役后，德军为夺回战略主动权，在库尔斯克一带发动了大规模的夏季攻势，企图利用占据库尔斯克突出部的有利态势，歼灭苏军中央方面军和沃罗涅日方面军。

1943年3月，瓦图丁再次担任沃罗涅日方面军司令，奉命防守库尔斯克突出部的南翼，消耗敌人的战斗力，协同草原方面军和西南方面军右翼进行反攻。瓦图丁利用一切可能利用的情况分析了解对手。因此，当7月4日下午德军炮轰苏军前线部队警戒线，并向北推进时，他准确地判断出这是德军有限的攻击，是为真正的总攻占据有利地形做准备。他果断地命令警戒部队后撤，并从俘虏口中探明敌军将于5日凌晨3时发动总攻。这使他再一次获得了先机制敌的机会，断然决定抢在德军总攻之前先行攻击。瓦图丁率部顽强地抵挡着德军强大的攻势，迫使德军每天只能前进两三公里，且每前进一步就必须付出高昂的代价。

7月12日，苏军和德军在普罗霍罗夫卡地区遭遇，双方1200辆坦克和自行火炮进行了殊死搏斗，瓦图丁率部取得了决定性胜利。他第一次指挥这样庞大的集团军群，便显示了其在运用坦克作为集团军快速集群和运用坦克集团军作为方面军快速集群方面高超的军事艺术和非凡的指挥才能。他自己也因此获得了"闪电将军"的美称。库尔斯克会战迫使德军放弃夺回战略主动权的企图，由战略进攻转入战略防御。

10月20日，瓦图丁率领由沃罗涅日方面军改编的乌克兰第一方面军乘胜追击，参加了第聂伯河会战。他率部强渡第聂伯河，11月6日占领基辅。1944年1月至2月，率部协同乌克兰第二方面军在科尔松－舍甫琴科夫斯基合围了德军的重兵集团，再一次展现了他在指挥方面军快速集群方面的能力，为苏军赢得了第聂伯河会战的胜利。

1944 年 2 月 29 日下午，瓦图丁率警卫人员离开罗夫诺前往第六十集团军检查工作。19 时 40 分，在达米利亚蒂村附近碰到一伙匪徒骚扰村庄。当他停车查看时，不幸被匪徒击中腿部造成重伤。1944 年 4 月 15 日在基辅医院去世，年仅 43 岁。根据斯大林的命令，4 月 17 日在基辅举行了瓦图丁大将的葬礼，12 万基辅居民向这位民族传奇英雄致哀。瓦图丁生前荣获过列宁勋章、红旗勋章、一级苏沃洛夫勋章、一级库图佐夫勋章和捷克斯洛伐克勋章，1965 年 5 月 6 日被追授"苏联英雄"称号。

◎ 莫德尔有自知之明

最激烈的战斗爆发了，在疯狂的进攻和顽强的反击下，战场上尘雾弥漫，德军进攻的巨浪撞击着不断得到加强的苏军防线。德军第四装甲集团军司令霍特在 7 月 8 日夜间便集结了部队，准备重新向奥博扬和库尔斯克发动攻势。霍斯将注意力集中在库尔斯克，相信第四十八装甲军和党卫军第二装甲军能够攻占该城。德军用主力部队攻击别尔哥罗德至奥博扬一线的公路。第四十八装甲军担心左翼受到苏军的威胁，于是军长克诺贝尔斯道夫命令"大日耳曼"装甲掷弹兵师、第三装甲师和第三三二步兵师负责消除装甲军左翼的威胁。同时，第十一装甲师与"大日耳曼"装甲掷弹兵师部分部队会同党卫军第二装甲军继续向奥博扬和库尔斯克进军。

霍斯命令党卫军第二装甲军向库尔斯克挺进，"帝国"装甲掷弹兵师与第一六七步兵师为党卫军第二装甲军侧翼提供保护。党卫军第二装甲军的283 辆坦克和火炮率先向库尔斯克发动了攻击。起初，德军按照预定计划向前顺利推进。党卫军第二装甲军的"警卫旗队"装甲掷弹兵师与"骷髅"装甲掷弹兵师突入苏军机械化第三军的防区，该军先前曾经遭受德军的沉重打击。这两个师随后又迫使苏军坦克第三十一军向北撤回科切托夫卡。当天夜里，"骷髅"装甲掷弹兵师抵达普肖尔河，经过短暂激烈的战斗，从苏军近卫步兵第五十二师余部和坦克第十军的摩托化步兵旅手中抢占了红十月村。"警卫旗队"装甲掷弹兵师跨过索洛廷卡河，侵占了一个村庄，并与第十一装甲师会合。

与此同时，苏军坦克第十军及时重组了战斗队形，把德军"警卫旗队"装甲掷弹兵师和第十一装甲师阻挡在科切托夫卡以外。德国党卫军第二装甲军继续向科切托夫卡进军。苏军坦克第二军与近卫第五军不断攻击德军，阻止他们抵达科切托夫卡。下午，苏军近卫第五军回撤，准备防守下一个阵地，这样就降低了攻击力度。

当德国党卫第二装甲军继续向科切托夫卡推进时，第四十八装甲军恢复了攻势，全力以赴进攻诺沃肖洛夫科恩，显示出该装甲军强悍的攻击力。然而，在苏军顽强的抵抗下，第四十八装甲军没能向前迈进一步。苏军迫使第四十八装甲军兵分两路发起攻击，减弱了德军的攻击力。

德军第十一装甲师沿着奥博扬公路向前推进，突破了苏军机械化第三军的防线，占领了诺沃肖洛夫科恩南部的260.8号高地。该师与"警卫旗队"装甲掷弹兵师会合后，继续向北推进。德军虽然取得了一些进展，但是在当天夜里，苏军第三〇九师步兵在强大的反坦克和炮兵火力的支援下，将第十一装甲师阻击在其目的地以南。肯普夫战役集群向南推进一段距离后，在苏军的顽强防御面前停下了脚步。对德军来说更为不利的是，肯普夫战役集群没能阻挡住苏军近卫坦克第五集团军与坦克第一集团军的会合。

整整一天，德军飞机都在为奥博扬至库尔斯克一线的地面部队提供急需的空中支援。其间，德军飞行员进行的空中突击尽管达到了苏军的两倍，但是仍然无法满足德军的需要。最终，德军第四装甲集团军未能实现当天预定的主要目标。

德军最后一次进攻尝试，终于突破了苏军部分防线，推进至奥博扬周边地区。在此情况下，德军很有可能直接对库尔斯克发起攻击。9日夜，德军装甲部队向前勇猛突进，战斗异常激烈，但是仅仅把苏军向北逼退了6～8公里。在当天的战斗中，德军伤亡惨重，近300辆坦克和大量自行火炮被摧毁。下午晚些时候，当瓦图丁调兵遣将准备次日的战斗时，霍特作出了一项对战役进程影响很大的决定。

鉴于当天进展非常有限，加上坦克和其他装备损失惨重，第四装甲集团军司令霍特决定改变进攻计划。他命令党卫军第二装甲军转向东北，朝着普罗霍罗夫卡进军，同时请求空军提供支援。他把希望寄托在强大的装甲突击与密集的空中轰炸上，认为这种空地联合突击能够压制苏军装甲部队对东部的威胁，突破苏军防线，打开一条通往库尔斯克的通道。在这种情况下，如果第九集团军能够随后向南突进，两个集团军将能合成一支强大的攻击部队，最终实现"堡垒"行动的目标。然而，霍特没有料到，这个改变作战计划的做法缔造了一场历史上规模空前的坦克大战。

德军中央集团军群继续疯狂地向对面的苏军阵地发动攻击。凌晨，德军"斯图卡"俯冲轰炸机和火炮开始进行猛烈轰炸，第四十七装甲军所属各师做好了进攻准备。密集的炮火虽然给了苏军防御阵地以沉重的打击，却没有彻底摧毁其防御力量。随后，刚刚组建的"伯梅斯特"装甲旅开始向萨姆杜罗夫卡突进，并占领了萨姆杜罗夫卡南部高地，但是在苏军反坦克武器的面前停了下来。在波内里－奥尔霍瓦特卡之间的公路上，德军第二、第九装甲师和第六步兵师与苏军发生了激战，被迫减慢前进的速度。苏军从南方调来重型火炮和第七十集团军第一六二步兵师全力抵御德军坦克。德军第四十七装甲军的攻势在苏军顽强的防御面前没有收到什么效果，再也难以向前推进一步。到了 22 时，苏军近卫第六步兵师在奥尔霍瓦特卡西部打了德军第九装甲师一次反击。

苏军在对德军第四十六装甲军所在区域进行了一番炮火攻击后，苏军第七十集团军对德军第二十装甲师展开了小规模的反击。德军第四十四装甲军军长扎恩把第五十一步兵师和第二十师组合成"伊瑟别克"特混大队，将其部署在第四十六和第四十七装甲军的接合部，而后命令其发动进攻。在萨姆杜罗夫卡，第二十装甲师虽然对苏军防线取得一些小的突破，但是在苏军猛烈的反击面前，无法利用稍纵即逝的机会扩大战果，不过该师还是设法控制住了萨姆杜罗夫卡南面的部分高地。第四十四装甲军的其他师则因为苏军的强大攻势不得不转入防御态势。

不过，这一天并非所有的德国装甲军都在保持防御的态势。6 时 30 分，德军第四十一装甲军第十八装甲师和第二九二步兵师重新对波内里发起进攻。尽管遭到苏军的顽强抵抗，第十八装甲师还是在苏军防线上撕开了一个500 米的缺口。激战一直持续到下午，苏军坦克在火炮支援下发起了多次反击，试图堵住这个缺口，但是没有成功。

除了抵御德军的进攻外，苏军还发动一些攻势。位于德军第九集团军左翼的第二十三集团军就遭到了苏军的攻击。在对第七十八步兵师进行地面攻击的同时，苏军集中火力对第二一六步兵师进行了密集而猛烈的轰击。苏军对德军第二十三集团军和第四十一装甲军的进攻一直持续到晚上。到9日结束时，德军第四十七和第四十六装甲军仍然只能采取守势而无法进攻。

德军第九集团军司令莫德尔向中央集团军群总司令克鲁格报告说，对第九集团军在库尔斯克取得突破性进展的期望现在已经不现实了。克鲁格没有接受莫德尔的意见。

德军在7月9日攻击的效果表明，继续战斗一定会面临更加艰难的处境，但战斗还真的继续下去了。希特勒当初对这场进攻战没有表现出多少热情，但是这位战争狂人也不想轻易放弃，他不许莫德尔下撤军命令。莫德尔深知自己的部队面临的处境，所以为7月10日制定的目标非常现实。

第五章　猛烈反攻

付出惨重代价的"堡垒"行动陷入了僵局，它对于受到惨重伤亡的德军已无丝毫战略价值。对于德国人来说，更可怕的是，他们填补损失的 150 辆坦克要比苏军填补 450 辆坦克困难得多。

◎ 德国战车止步

7 月 10 日清晨,莫德尔的第九集团军所在区域,在上演一场场惨烈的战斗。莫德尔命令第二十三集团军和第四十一装甲军坚守阵地,第四十六装甲军集中兵力进攻特普鲁附近区域和苏军第七十集团军的侧翼。由于第四十七装甲军拥有第九集团军大多数坦克,莫德尔命令其向南前进 5 公里夺取莫洛特奇附近的高地。虽然获胜的希望非常渺茫,第四十六和第四十七装甲军依然为在第 2 天恢复进攻做着准备。

希特勒下令继续实施"堡垒"计划,并把南方集团军群三分之一的航空兵转隶中央集团军群。此前,德军统帅部决定向库尔斯克增援几个师,以缓解兵力严重不足的危机。与此同时,苏军最高统帅部密切关注着战场情况,认为德军可能会发动新一轮攻势,尤其是德军向库尔斯克突出部的南正面,即普罗霍罗夫卡地区发动进攻。

苏军草原方面军派近卫第四集团军、第二十七和第五十三集团军增援突出部南正面的别尔哥罗德方向。沃罗涅日方面军奉命抵抗德军在普罗霍罗夫卡方向的进攻，并对其主力发动强大的反攻。

曼施坦因增加了进攻普罗霍罗夫卡的兵力，在约 15 公里的正面发动了进攻。德军统帅部把在库尔斯克突出部南正面作战的所有空军调来支援普罗霍罗夫卡方向。后来，德军最高统帅部又调来了拥有 200 辆坦克的第三军。

苏军坦克第一集团军主力坚守阵地，其近卫坦克第五军和坦克第十军协同近卫第六集团军从新谢洛夫克、诺韦尼科耶向雅科夫列沃反攻；近卫坦克第五集团军从普罗霍罗夫卡发动反攻；近卫坦克第五集团军和近卫第五集团军部分兵力从普罗霍罗夫卡进攻雅科夫列沃；近卫第七集团军的 3 个步兵师向别尔哥罗德以东方向突击。

同一天，德军第四十八装甲军从诺沃塞洛夫卡向别尔哥罗德、奥博扬一线发起攻击，其任务是牵制苏军预备队，为党卫军第二与第三装甲军联合南袭普罗霍罗夫卡进而攻击苏军后方创造有利机会。次日，党卫军第二与第三装甲军成功突入斯托罗泽沃伊与卡扎什叶之间长 23 公里的苏军第 3 道防御线，3 个党卫师的集中火力猛攻，终于突至离普罗霍罗夫卡 5 公里的区域。德军的这次行动得益于"容克"87 式与"亨克尔"129 式飞机的猛烈空中打击。

别尔哥罗德方向 1200 平方公里地区的上空，苏德双方发生多次空战。双方一次参战的飞机往往多达 100～150 架。5 日至 10 日，仅苏联空军第二集团军就参加了 205 次空战，击落德军飞机 330 架，自己损失 153 架。苏军强击航空兵和轰炸航空兵的主力负责对付在近卫第六集团军防线内进攻的德军坦克。

这一天，德军在奥廖尔方向上的进攻严重受挫，被迫转入防御。在奥廖尔方向的防御战期间，苏军空军第十六集团军出动飞机 7600 多架次，远程航空兵出动 800 架次，共歼灭德机 517 架，沉重打击了德国空军，并使德军的进攻部队遭受重大损失。

全天的战斗结束了，苏德双方人员和物资都遭受了重大损失，残酷的进攻和反击作战使双方均未取得预期战果。德军第四十六和第四十七装甲军未能突破苏军防线向前推进。当天早些时候，德军占领了一些苏军阵地，但就在这天结束时，苏军又迫使他们全部退出了所占阵地。苏军的进攻同样没有取得成功，不仅没能迫使德军后撤，反而在进攻第二十三军时失去了特罗斯纳村庄。

战斗结束时，德军第九集团军司令莫德尔回顾了全天的战况，发现战场上双方的态势与前一天相比没有太大变化。第九集团军仍然没有突破苏军第十三集团军由反坦克武器组成的强大防线。

苏军坦克第二集团军和坦克第十九军在壕沟的掩护下组成了非常强大的防御火力网，以德军现有的力量是不可能突破的。除了战役第一天外，所有企图正面突破苏军防御阵地的进攻均以失败告终。除了发起正面进攻外，莫德尔别无选择。然而，继续进行猛攻需要强大的预备队，还要确保人员、坦克、军需品和其他物资的供应。莫德尔无法获得持续供应的战争资源，更没有强大的预备队。事实上，最初 6 天的攻势已经大大消耗了莫德尔的预备队。希特勒明确拒绝了莫德尔最近一次补充兵员的请求，又不允许他的部队撤退。另外，德军在其他战场上的形势也发生了变化，这使得莫德尔得到补给的希望更加渺茫。

7 月 10 日夜，莫德尔迫于希特勒的压力决定再次动用预备队。之前，在波内里周围的战斗中，第二九二步兵师遭受重创，莫德尔将其撤出战斗，命令第十装甲掷弹兵师接替。第十装甲掷弹兵师拥有强大的炮兵部队，共有7个炮兵营、1个火箭炮团、1个重型迫击炮营和1个突击火炮营。火箭炮是一种火箭发射器，有多条发射轨道，可发射300毫米口径的高爆火箭。发射时，火箭飞离轨道，红色弹体穿过烟幕，划过天空，直奔目标。即使是久经战火考验的战士面对火箭炮爆炸产生的强大冲击波和震耳欲聋的声响，也会胆战心惊。

莫德尔在制订11日的作战计划前，与第四十七装甲军军长勒默尔森进行了磋商。两人意识到苏军已经在第四十七装甲军阵地的对面部署了强大的兵力。然而，此时的第四十七装甲军已经极度疲惫，无力继续战斗。莫德尔和勒默尔森一致认为第四十七装甲军继续进攻是不可能的，如果一味坚持进攻必将导致灾难性的后果。莫德尔最终决定第四十七装甲军只负责提供火力支援，并向中央集团军群总司令克鲁格汇报了这一情况。克鲁格也只能接受残酷的现实，最终同意把第十二装甲师从莫德尔的预备队中抽调出来，配备给第四十七装甲军。另外，这位固执的集团军群总司令还将第五和第八装甲师从中央集团军群预备队中抽调出来，派到库尔斯克前线。

◎ 苦战在双方之间进行

7 月 11 日这一天，苏军向莫德尔的装甲师发起了猛烈的反攻。从库尔斯克大战爆发那天起，战斗就非常激烈，但是这次苏军进攻的猛烈程度仍然大大出乎德国人的想象。这个时候，尽管德军第十装甲掷弹兵师所属部队尚未全部到达前线，但先期抵达的炮兵部队火力强劲，多次挫败苏军的反击。后来，其余炮兵部队向前线迅速机动，加入反击苏军进攻的战斗中。

争夺波内里的战斗又一次打响了。

苏军的重型火炮对准德军第四十一装甲军疯狂轰炸，试图将其赶出波内里。德军实力虽然稍逊一筹，但是仍然决心坚守阵地，丝毫没有退缩的迹象。与此同时，苏军还对德军第四十六和第四十七装甲军发动了攻击。苏军的迅猛突击迫使第二十三军开始后撤，放弃了前一天占领的特罗斯纳村庄。这时，近乎绝望的德军发动了疯狂的反扑，拼命阻击苏军的进攻。战况异常激烈，苏德双方人员伤亡大幅度攀升。

与之前的战事不同，德军这次没有对苏军中央方面军发起大规模进攻。第九集团军严格采取防御战术，打了一场地地道道的防御战。相反，这一次是苏军主动发起的进攻，试图奋力突破德军防线。然而，莫德尔和他的第九集团军没有放弃。第九集团军顶住了苏军的猛攻，致使苏军没取得什么战果。一直到库尔斯克突出部北部的战斗结束，苏德双方均未获得任何优势。

鉴于库尔斯克北部的战斗中，面对疲惫不堪、实力下降的德军没有取得预期的战果。苏军指挥官们讨论了战场形势，特别是评价了坦克第二集团军的表现。7 月 5 ~ 11 日。坦克第二集团军与第十三集团军并肩作战，凭借强大的防御工事，多次打退了德军针对奥廖尔 – 库尔斯克中轴线的大规模攻势，重创了德军 6 个装甲师。面对"虎"式重型坦克和"斐迪南"坦克歼击车的强大攻击，苏军守备部队英勇战斗，毫不退缩。战斗中，坦克第二集团军和坦克第十九军损失的坦克占坦克总数的 46%。苏军坦克修理技师检查后发现受损坦克中大约有 49% 无法修理，只能彻底报废。中央方面军司令员罗科索夫斯基希望在 7 月 11 日这一天最好能够夺取德军阵地，但是目前的战果已经让他比较满意了，因为中央方面军已经阻止了德军进攻的步伐，迫使德军在战役剩余阶段转入防御态势的可能性非常大。

7 月 11 日夜，莫德尔再次与中央集团军群总司令克鲁格讨论了战场形势。第九集团军尽管在 11 日的表现已经证明了一切，但是克鲁格仍然不愿放弃在第 2 天取得突破性进展的梦想。一份战场形势报告显示，中央集团军群已经成功击退苏军装甲部队对奥廖尔南部的数次进攻。克鲁格命令第十二装甲师和第三十六步兵师加入第四十六装甲军，并将其部署在第九集团军西侧，正对着苏军的第七十集团军。

克鲁格相信明天的进攻一定会取得突破，并希望打苏军一个措手不及，于是下令夜间进攻奥尔霍瓦特卡小镇。驻守该镇的苏军打退了德军的进攻，导致第九集团军全部兵力不得不在剩余时间里采取防御态势。德军在 10 日和 11 日的进攻中虽然经过了精心准备，仍然没有迫使苏军从奥尔霍瓦特卡西南部撤退。加上由于夜间进攻已经失败，克鲁格同意向第九集团军增派 1 个步兵师和 1 个装甲师。他坚持认为，有这 2 个师的增援，第九集团军的新一轮进攻定能成功。莫德尔要求属下抓紧准备，迎接苏军可能在早晨发起的新一轮攻势。

在莫德尔和克鲁格商讨 12 日作战计划的同一时间，苏军的指挥官们也在谋划第 2 天的作战行动。最高统帅部代表华西列夫斯基和中央方面军司令员罗科索夫斯基准备在两个地段发起攻击：中央方面军所在地段、奥廖尔突出部。两人意识到夺取战场主动权的时机已经到来，奥廖尔突出部提供了一个绝佳机会。在中央方面军的猛烈冲击下，德军第九集团军被死死缠住，进退不得。这个时候，苏军西方面军和布良斯克方面军趁机突破奥廖尔周围的德军防线，继而向南推进，绕到第九集团军后方，将其退路切断。

华西列夫斯基和罗科索夫斯基只等最高统帅部一声令下，便可拉开进攻序幕。其实，早在一周之前，布良斯克方面军和西方面军就开始集结部队，准备向盘踞在奥廖尔的德国守军发起进攻。然而，是否开始发起攻势要看中央方面军与德军第九集团军的交战结果。

苏联最高统帅部经过评估认为，德军力量已经大大削弱，双方已进入胶着状态。于是，华西列夫斯基通知布良斯克方面军司令员波波夫和西方面军司令员索科洛夫斯基发起进攻的时机已经到来。两个方面军于 10 日夜开始为进攻做准备，并出动远程轰炸机攻击了德军后方。次日午后刚过，苏军的俯冲轰炸机投掷了大量烟幕弹，掩护西方面军和布良斯克方面军派出侦察部队刺探德军奥廖尔突出部北部边缘地带的防御情况。苏军其他部队也搜集了大量情报，时刻准备发动新的攻势。

华西列夫斯基、罗科索夫斯基、波波夫和索科洛夫斯基等人仔细研究了苏军侦察部队搜集的情报，对德军的防御配置进行了认真分析。就在苏军为再次战斗进行准备的时候，中央方面军获得的情报显示，德军似乎正在重组中央集团军群，加强了位于北部正对布良斯克方面军所在区域的兵力。苏联情报还注意到了德军第九集团军突击部队的坦克、工兵、炮兵和步兵正向博尔霍夫和奥廖尔方向机动。根据这些情报，罗科索夫斯基断定德军正在组建一支预备队，可能用来进攻布良斯克方面军，或者在苏军突破防线的情况下投入战斗以阻止苏军的进攻。从11日夜直到12日清晨，苏军近卫第十一集团军侦察营一直在搜集有关德军防御配置的情报。

鉴于德军正在向奥廖尔方向机动，苏军指挥官们重新评估了突出部北部的战场形势。由于损失惨重，德军第九集团军无论如何都不可能在12日重新发动攻势，因此苏军可以趁机发起反攻。如果行动迅速，一定能够在德军到达防御阵地前抢先对奥廖尔突出部发起攻击，从而一举击溃德军。华西列夫斯基与罗科索夫斯基等人协商后，断定争取战场主动权的时机已经到来。苏联最高统帅部和斯大林同意了华西列夫斯基等人的作战计划，苏军把西方面军部署在奥廖尔突出部北翼，把中央方面军部署在突出部南翼，把布良斯克方面军部署在西方面军和中央方面军的中间地带。

这一天，德军击退了苏军沃罗涅日方面军的坦克第一集团军、近卫第五、第六、第七集团军。苏军撤退时，德军趁机占领近卫坦克第五集团军的展开阵地。苏军近卫第五集团军遭到德国党卫军第二装甲军的冲击，该集团军被迫派近卫第九空降师和近卫第九十五步兵师阻击德军。激战持续了一整天。傍晚，该集团军被迫派集团军预备队近卫第四十二步兵师参战，还把反坦克歼击炮团和火箭迫击炮团调来。晚上，德军只向前推进了两三公里。由于德军占领了十月国营农场，对普罗霍罗夫卡构成了威胁。苏军近卫坦克第五集团军于 7 月 11 日夜晚派 2 个坦克旅进抵普罗霍罗夫卡以西地域抵抗。

◎ 36 小时的惨杀

为进一步增强近卫坦克第五集团军的实力，沃罗涅日方面军司令员瓦图丁加强了其兵力。按照计划，近卫坦克第五集团军、坦克第二集团军和近卫第五集团军将于 7 月 12 日在普罗霍罗夫卡西南部发起攻击。

在德国党卫军第二装甲军恢复向普罗霍罗夫卡推进的同时，苏军已经抵达新的阵地，但是瓦图丁这时还没有做好反攻准备。德国空军为了支援党卫军第二装甲军的突进，对苏军阵地发动了大规模空袭。"骷髅"装甲掷弹兵师奋力扩大 226.6 号高地南坡的立足点，遭到苏军的顽强抵抗。"警卫旗队"装甲掷弹兵师从 241.6 号高地下来，沿着通向普罗霍罗夫卡公路的两侧前进，"帝国"装甲掷弹兵师的一个团负责保护"警卫旗队"装甲掷弹兵师的侧翼。苏军一个坦克旅将坦克与反坦克火力瞄准正在向东挺进的德军先头营，在不到两小时的时间里向前突进了 2 公里。在苏军攻击德军的侧翼的同时，驻扎在普雷利斯特诺和佩特罗夫卡的苏军炮兵也开始射击。隐蔽在 252.4 号高地周围战壕内的苏军官兵向德军开火，密集的火力遏止了德军前进的步伐。德军先头部队慌忙请求支援。一个装甲掷弹兵团带着4辆"虎"式坦克赶来助战，德军炮兵向苏军阵地猛烈开火。德军"斯图卡"俯冲轰炸机也来增援，几乎每小时轰炸一次。

鉴于德军对普罗霍洛夫卡进行了重火力攻击，斯大林担心德军突破苏军防线，决定让朱可夫和华西列夫斯基直接负责普罗霍罗夫卡的防务。尽管德军对普罗霍罗夫卡的威胁妨碍了瓦图丁原定于7月12日的反攻，但是华西列夫斯基还是批准了该项计划。朱可夫立即着手审查该项计划，以增加其成功的可能性。他把10个炮兵团组合成"坦克拳头"，集中部署于普罗霍罗夫卡周围，用于压制德军的攻击势头。苏军近卫坦克第五集团军与近卫第五集团军负责阻击德军的攻击部队，同时准备发起反攻。近卫第五集团军同时还负责防守奥博扬至普罗霍罗夫卡的防线。

到7月11日夜，苏德双方都完成了次日的作战准备。德国党卫军第二装甲军军长豪泽尔命令："骷髅"装甲掷弹兵师夺取226.6高地剩余地区的控制权，之后沿着山脊线切断普罗霍罗夫卡至奥博扬的公路；"警卫旗队"装甲掷弹兵师继续向普罗霍罗夫卡进军，夺取该城及附近的252.4号高地；"帝国"装甲掷弹兵师和第三装甲军负责提供支援。

南方集团军群总司令曼施坦因要求党卫军第二装甲军与第四十八装甲军的攻击保持同步，第四十八装甲军受命攻占奥博扬以南普肖尔河的主要十字路口。两个装甲军进攻目标完成后，向奥博扬和库尔斯克挺进，胜利便指日可待。

然而，德军要想取胜还要看看苏军答不答应。苏联最高统帅部代表华西列夫斯基、沃罗涅日方面军司令员瓦图丁和近卫坦克第五集团军司令员罗特米斯特罗夫决心从德军手中把胜利夺回来。当晚，苏军近卫坦克第二军将剩余的 120 辆坦克开至新的集结地点，该军将有 3 个坦克旅率先对德军"帝国"装甲掷弹兵师发起进攻。为了保护突击编队的侧翼，罗特米斯特罗夫在近卫坦克第二军与近卫坦克第二十九军之间部署了坦克第二军中实力较弱的两个旅，将装备 21 辆 KV 重型坦克的预备队——近卫坦克第五十三团调来。为了应对意外情况的发生，罗特米斯特罗夫将近卫第五机械化军的 228 辆坦克部署在普罗霍罗夫卡以东，用作预备队。瓦图丁给罗特米斯特罗夫派去了一些炮兵、迫击炮部队和防空部队。罗特米斯特罗夫为第 1 梯队投入了 430 辆坦克和自行火炮，又在紧随其后的第 2 梯队中部署了 70 辆坦克和自行火炮。

瓦图丁命令罗特米斯特罗夫于次日上午 10 时向共青团员国营农场和普罗霍罗夫卡发起攻击。近卫坦克第五集团军、近卫第五集团军及坦克第一集团军联合攻击该地区的德军，坚决阻止德军向南撤退，近卫坦克第五集团军担任主攻。与此同时，瓦图丁还计划对德军第四十八装甲军实施反攻。罗特米斯特罗夫认为德军将于 12 日早些时候恢复进攻，所以决定把攻击时间提前到 8 时 30 分。在罗特米斯特罗夫的要求下，大部分部队在 12 日凌晨 2 时就做好了攻击准备。两小时后，瓦图丁命令修改作战计划，因为德军肯普夫战役集群已经突破苏军的南部防线，突入普罗霍罗夫卡 20 公里。罗特米斯特罗夫接到命令，要求他即刻派遣预备队协助阻止德军。瓦图丁和罗特米斯特罗夫二人一直紧张地等到天亮。

7 月 12 日清晨，德军突破苏军沃罗涅日方面军第六十九集团军阵地，攻下尔扎维茨、雷恩金卡、维波尔左夫卡，对苏军近卫坦克第五集团军左翼构成了威胁。沃罗涅日方面军司令员瓦图丁命令近卫坦克第五集团军派出预备队增援第六十九集团军，与第六十九集团军共同进攻什利正霍沃耶、梅列霍沃、霍赫洛沃、伊古缅卡方向，以阻止德军向北突破。为掩护近卫坦克第五集团军的左翼，瓦图丁同时向第六十九集团军阵地上增派了近卫第二坦克军第二十六坦克旅和近卫第五机械化军的2个机械化旅。

8时，苏军向雷恩金卡、尔扎维茨发起反攻，坦克战就此打响。在苏军的迅猛突击下，德军撤离了雷恩金卡和尔扎维茨。激战进行了一整天。

10时，在苏军近卫坦克第一集团军防线内，近卫坦克第五军、第十坦克军、近卫第六集团军发动反攻，德军进行了顽强抵抗。傍晚，双方开始激烈争夺拉科沃和别廖佐夫卡。

德军"堡垒"行动中最重要的战斗在普罗霍罗夫卡沿库尔斯克突出部的南部打响，这次战斗被德军士兵称为"第四装甲军的死亡推进"。普罗霍罗夫卡坦克战堪称人类历史上规模最大的坦克战：苏军700辆坦克与德军500辆突击战车在惨烈的遭遇战中绞杀在一起。沃罗涅日方面军司令员瓦图丁早在两天前便预测到德军即将发起协同作战穿过普罗霍罗夫卡。他充分意识到其中隐含的战略危险性，于是将精锐的近卫第五坦克集团军（40000人，500辆坦克）调到普罗霍罗夫卡以北地域增援第二坦克军驻守的防御阵地。

当德国党卫军第二装甲军3个师开始向普罗霍罗夫卡逼近时，瓦图丁命令近卫第五坦克集团军发起反击，近卫第五集团军和第一坦克集团军负责支援。同时，苏军近卫第五坦克集团军向南突进，以阻止德军第三装甲军向前推进。近卫第五坦克集团军司令员罗特米斯特罗夫认真研究了关于他所面临的德国"虎"式与"斐迪南"式战车威胁的战后报告，决定用机动性优越的

T-34 型坦克对付德军的远距离杀伤优势，从正面直接切入或从侧面进攻。在那个闷热阴沉、间或下雨的早晨，苏军的 550 辆坦克在步兵、反坦克炮的配合下突向德国党卫军装甲楔形编队，遭遇战随即展开。当德军"虎"式坦克从远处开火时，苏军 T-34 型坦克迅速前进缩短敌我之间的距离，激起的烟尘使能见度降到了几米。在随后的混乱与烟幕中，双方数百辆间距不超过 100 米的坦克一辆接一辆冲过来，隆隆声整日不绝于耳。

几乎同一时间，德国党卫军 3 个精锐的装甲师："骷髅"装甲掷弹兵师、"帝国"装甲掷弹兵师和"阿道夫·希特勒"装甲掷弹兵师发动了进攻。苏德双方在普罗霍罗夫卡交战的坦克和自行火炮约 1500 多辆，同时还爆发了空战。在普罗霍罗夫卡以西地域，苏军一天出动飞机近 600 个架次，爆发了 12 次空战，击落德机 18 架。

在全天的激战中，最激烈的战斗发生在苏军坦克第二十九军的阵地上。该军坦克第二十五旅与第一四四六自行火炮团、近卫第二十八空降团一举突破了位于斯特罗热沃的德军防线。坦克第二十五旅在抵达普罗霍罗夫卡公路后，将党卫军第二装甲掷弹兵团赶回了村庄。苏德双方在 252.2 号高地南坡和亚姆基以西的城区发生激战，步兵协同坦克向前突击，火炮和反坦克炮也不示弱。虽然坦克第二十九军没有再向前推进，但是它取得的战绩是显著的，全体官兵的浴血奋战阻止了德国党卫军第二装甲军先头部队抵达普罗霍罗夫卡。

经过 36 小时的惨烈绞杀，苏军装甲部队成功地阻止了德军向东北方向的推进。不久，德军南方集团军群开始撤退，苏军沃罗涅日方面军在后面展开追击。这次大战尽管德军以 150 辆坦克的较小损失为代价摧毁了苏军 450 辆坦克，但是这并不代表他们赢得了普罗霍罗夫卡坦克战的胜利。苏联近卫第五坦克集团军的反击不仅阻止了德国党卫军第二装甲军通过普罗霍罗夫卡向东北推进，还使南方集团军群丧失了在库尔斯克突出部南部掌握的微小的主动权。因此，付出惨重代价的"堡垒"行动陷入了僵局，它对于受到惨重伤亡的德军已无丝毫战略价值。对于德国人来说，更可怕的是，他们填补损失的150辆坦克要比苏军填补450辆坦克要困难得多。

同日，德军中央集团军群所属第九集团军在波内里一带发动的攻击陷于停顿。凌晨3时30分，索科洛夫斯基指挥苏军西方面军开始了长达两个小时的炮击，3000多门火炮和迫击炮对着第九集团军的防线猛烈轰击。趁德军的注意力集中在奥廖尔突出部，西方面军出其不意地向驻守在奥廖尔突出部北部的德军和东北面的第二装甲集团军发动进攻。

◎ 取消"堡垒"计划

7月12日这一天是苏军在库尔斯克会战中北线发生转折的一天。西方面军和布良斯克方面军按照"库图佐夫行动"作战计划发动了大规模的反攻。在奥廖尔地域的德军中央集团军群第九集团军面临被包围的危险。

苏军炮兵猛烈的炮火、航空兵的空袭压制了近卫第十一集团军进攻地带内的德军火力。苏军步兵和坦克冲向德军阵地,他们快速越过德军的堑壕。北线苏军的进攻规模越来越大,德军中央集团军群被迫转入防御。苏联最高统帅部下令开始反攻时,首先摧毁德军的奥廖尔登陆场,并消灭那里的德军第二装甲集团军和第九集团军。

苏军在北线反攻刚刚开始,西方面军、布良斯克方面军和中央方面军就投入了1286000人、21000门火炮和迫击炮、24500辆坦克和自行火炮、3000余架飞机。面对如此强大的苏联红军,德军只能忙于防御,在奥廖尔登陆场构筑了野战防御体系并用坚固的工程障碍物作掩护。在这里的德军拥有

37 个师，包括 8 个坦克师和 2 个摩托化师，总兵力只有 600000 万人，装备 7000 门火炮和迫击炮、1200 辆坦克和强击炮、1100 余架飞机。

战事激烈

时任苏军近卫第十一集团军司令员的巴格拉米扬在他后来的回忆录中写道："进攻前，所有部队都召开了群众会，向官兵介绍了战斗任务。召开全体士兵座谈会，要求凡是苏军所到之处不准德军立足，要求每个战士都要为祖国、为胜利做出贡献，不要怕牺牲。大会上，政工人员对每个党团员规定了具体任务，如在进攻时做什么，要做好哪些战士的工作。党团员必须冲锋在前，成为进攻的模范。集团军政委库利科夫将军、雅金奇金上校、政治部主任罗曼诺夫上校在各部队日夜开展动员工作。"

12 日凌晨 2 时，苏军布良斯克方面军第三集团军和第六十三集团军进行了长时间的炮击。两个集团军使用了 4000 门火炮和迫击炮，航空兵也发动了强大的空袭。在炮火的掩护下，在坦克的支援下，这两个集团军冲向德军，攻入第 1 道防线，不断地击退德军反攻。但德军拼命死守，击退苏军多次反攻。

12 日下午，德军的抵抗越来越顽强，并投入了预备队，空袭也十分频繁。近卫第十一集团军与德军发生了激战。苏联空军第二航空军出动 70 架轰炸机和 48 架强击机，对德军炮兵和防御工事进行了空袭。集团军司令员巴格拉米扬密切关注着进程，及时出动各步兵军和坦克第五军等第 2 梯队参战。傍晚前，近卫第十一集团军完成了对德军第 1 防御阵地的突破任务，向前推进了 8 ～ 10 公里，突至乌里扬诺沃的德军第 2 防御阵地。布良斯克方面军第六十一集团军也于当天向博尔霍夫方向发动了进攻，但是遭到德军多次反冲击，第六十一集团军推进速度迟缓。

从战略上来说，德军在库尔斯克彻底失败了。对于德军来说可谓祸不单行，这个时候的英美盟军突破德意军队的防线于 7 月 10 日在西西里岛登陆成功。这样，整个德意轴心国军队的南翼都受到威胁。普罗霍罗夫卡遭受的挫败使希特勒看到"堡垒"行动已不可能取得预期的决定性胜利，他决定将忠诚的党卫军第二装甲军一部调往意大利，用来加强摇摆不定的意大利盟友的抵抗。为了抽出装甲部队支援意大利战场与乌克兰地区受到强大压力的米乌斯河前线，希特勒只得取消了"堡垒"行动。随后，曼施坦因的南方集团军群顶着苏军的猛烈反击，且战且退到库尔斯克突出部南面的初始阵地。

苏军中央方面军仅仅用了一周时间就粉碎了德军在奥廖尔方向的进攻。德军的进攻战役失败，苏军完成了消耗德军的任务。在整个进攻期间，德军只向库尔斯克方向推进了 10～12 公里，却伤亡约 42000 人，损失了近 800 辆坦克和自行火炮。

随着 7 月 12 日战斗的结束，整个库尔斯克突出部一派繁忙景象。这是一个突击与反突击的日子，也是一个空战与坦克战的日子，更是一个引发重大伤亡的日子。这一天，德军第四装甲集团军奋力突破苏军防线，抵达库尔斯克。也是在这一天，苏军与德军发生了空前规模的激战，竭力阻止德军突破其防线。苏军的大反攻开始于 7 月 12 日，在未来数日里一直持续进行，战场形势开始发生重大转折。虽然苏军遭受了巨大损失，但是一次次地击败了德军。

7 月 13 日，一个全新的日子。这一天的战斗成败将对交战双方产生决定性的影响。此时，苏军的战略部署已变得更为复杂。苏军在对力量薄弱的侧翼发动攻击前，让德军在突出部的防线上碰壁，以削弱其战斗力。苏军"库图佐夫行动"反击作战迅速摧毁了被削弱的德军防线，然后向西面进攻，对受到重创的第九集团军的运输线构成威胁，令其在突出部北部陷入了艰苦的防御战。取得初步胜利后，由波波夫指挥的布良斯克方面军在 7 月底投入战斗，从姆岑斯克的南部向奥廖尔发起攻击。经过一周的稳步推进，布良斯克方面军拿下了重要交通枢纽奥廖尔。

前一夜，苏军最高统帅部代表华西列夫斯基、沃罗涅日方面军司令员瓦图丁和近卫第五集团军司令员罗特米斯特罗夫认真商讨了下一步的作战行动。在此之前，他们获悉了美英盟军已经登陆西西里岛，但是他们还无法断定希特勒会不会从东线抽调兵力增援地中海战区。另外，苏军在奥廖尔突出部附近的战斗已经打响。不过，三人一致认为，德军对沃罗涅日方面军的威胁仍然存在。三人最终做出决定，必须对德军整个防线保持压力。瓦图丁命令部队牵制德军，阻止其向普罗霍罗夫卡推进。由于担心德军可能于次日清晨发起攻击，罗特米斯特罗夫命令部队加强防守，快速进行燃油和弹药等战略物资的补给。

德军南方集团军群总司令曼施坦因打算在 13 日继续进攻。有几个因素，包括西西里岛和奥廖尔的战事，使得苏联战场形势变得异常复杂。德军肯普夫战役集群虽然取得了一些战绩，但是苏军对于第四装甲集团军的攻击阻止了德军的攻势。苏军有着大量的预备队，而德军的人员和装备每天都在遭受损失，又得不到及时补充。然而，曼施坦因和霍特向肯普夫战役集群和第四装甲集团军下达的指令并不现实，这两位德军将领梦想党卫军第二和第三装甲军能够包围并歼灭附近的苏军。

◎ 德军防御之"狮"

7月13日清晨，普罗霍罗夫卡阵地上大雨如注，苏德双方新一天的激战又开始了。德国党卫军第二装甲军的"骷髅"师向前迅猛突进，深深切入苏军防线，形成一个狭长的楔子。军长豪泽尔同时命令"警卫旗队"师和"帝国"师向着普罗霍罗夫卡进军。豪泽尔预测，在这两个装甲掷弹兵师抵达城郊后，另一个装甲掷弹兵师——"骷髅"师对苏军侧翼的威胁将大大加强。他希望在猛烈的攻击下，苏军会放弃普罗霍罗夫卡，党卫军第二装甲军攻占该小城后将与第三装甲军会师，重新夺回失去的战场主动权。通过战地抢修工作，党卫军第二装甲军又有了将近250辆坦克和突击火炮，可以全力以赴地投入接下来的战斗。就在党卫军第二装甲军完成战斗准备时，曼施坦因接到命令，要他去德军统帅部大本营面见希特勒。

13日上午，希特勒召集中央集团军群总司令克鲁格、南方集团军群总司令曼施坦因等人在东普鲁士的"狼穴"大本营开会。希特勒对他们说，盟军已在西西里岛成功登陆，"堡垒"计划必须停下来，要把部分兵力从苏联战场调往意大利。希特勒为此陈述了如下几点理由：

1. 在奥廖尔突出部，苏军的兵力已经超过了德军的兵力。

2. 苏军部队的集结对第一和第六装甲集团军构成了威胁，这两个集团军守卫着顿涅茨盆地和哈尔科夫以南区域。

3. 为"堡垒"行动付出的代价太高。在 7 月 5 ~ 12 日的战斗中，第九集团军伤亡了 20000 人。苏军攻击奥廖尔北部和东部，迫使德军投入大量已经精疲力竭的步兵与装甲部队应战。

4. 西西里岛战事吃紧，而意大利军队在对付美英盟军的攻击非常不力，急需德军提供增援。另外，美英盟军有可能威胁巴尔干半岛，所以需要增加该地区的德军兵力。

为了应对上述危险，德军必须从苏联战场派兵增援地中海和巴尔干半岛战场。

在接下来的会议讨论中，克鲁格与曼施坦因改变了自己原来在"堡垒"行动上的立场。克鲁格曾是"堡垒"行动的强烈支持者，但中央集团军群的战场形势使他对继续打下去的可行性进行了评估，其中有两个非常重要的因素需要考虑：第一，第九集团军没有实现"堡垒"行动确定的目标，近期实现这些目标的可能性几乎不存在；第二，虽然苏军的进攻没有成功，但是这种进攻有可能使德军付出难以想象的惨重代价。鉴于此，克鲁格同意取消"堡垒"行动，认为继续该项计划会使中央集团军群遭受非常惨重的损失，甚至全军覆没。

曼施坦因当初虽然不像第九集团军司令莫德尔和装甲兵总监古德里安那

样旗帜鲜明地反对"堡垒"行动，但是他从一开始就对此持反对意见。现在，他却主张继续进行"堡垒"行动，因为只有这样才能使德军赢得胜利。曼施坦因认为要么全部撤离苏联，要么继续进攻。他说："我们的处境就像是一个人抓住了狼的耳朵而不敢松手。我们只有消灭库尔斯克突出部的苏军装甲部队，才能挡住苏军在其他方向的大举反攻。这种情况本该在发动'堡垒'行动战役前预料到！"

根据曼施坦因的分析，鉴于南方集团军群已经击败苏军在突出部以南的部队，因此有可能攻下库尔斯克。他主张使用自己的战役预备队——部署在哈尔科夫周边的第二十四装甲军来恢复对苏军的攻势。当曼施坦因建议第九集团军恢复攻击时，克鲁格争辩说该集团军不能从命，因为其所面临的局势已经非常危急，在未来几天内将不得不撤回。

曼施坦因的主张反映了霍特和肯普夫两位将军的想法，但其他人对此不以为然。希特勒尽管认为应当结束"堡垒"行动，同时又向曼施坦因等人作出让步，同意南方集团军群继续进行数天的进攻，梦想此举能够消灭苏军的战役预备队，阻止苏军发动夏季反攻。希特勒给同时担任第九集团军和第二装甲集团军司令的莫德尔下达了新的指令，要求他不仅阻止住苏军的攻击，还要恢复原来的阵地。

在与希特勒会谈后，曼施坦因返回前线。他虽然对于希特勒的决定很失望，但是对于执行元首的命令态度很坚决，决意最大限度地杀伤苏军的有生力量，尤其是在第四装甲集团军和肯普夫战役集群所在的阵地。在随后两天里，曼施坦因竭尽全力实现这一目标，再次下令第四十八装甲军向北进攻。

同一天，苏军沃罗涅日方面军司令员瓦图丁与近卫第五集团军司令员罗特米斯特罗夫派遣小股部队出动执行侦察任务。在普肖尔河以南有两处地段引起了两人的警觉：一个是德军"骷髅"师在普肖尔河以北形成的突出部对于苏军构成的威胁；另一个是第三装甲军有可能从南部恢复攻击。

德国党卫军第二装甲军军长豪泽尔命令所部"警卫旗队"装甲掷弹兵师执行两项攻击任务：第一，攻击红十月国营农场以北的苏军；第二，攻击安德烈耶夫卡、米哈罗夫卡以及沿着普肖尔河部署的苏军。该师12时开始发起攻击。苏军对于德军的攻击行动早有防备，铺天盖地的猛烈炮火迫使德军先头部队放慢了进攻步伐。

战场景象

经过短暂的激战，德军一支装甲部队占领了农场西北的一个高地，但是在苏军坚固的反坦克工事和坦克面前再难前进一步。一个德军侦察营侥幸进入米哈罗夫卡，但在苏军猛烈的反坦克炮和大炮火力面前被迫撤退。下午4时许，强大的苏军坦克部队在这两个地区同时发起攻击，迫使德军"警卫旗队"装甲掷弹兵师难以突破防线，"骷髅"师装甲掷弹兵师也停滞不前。与此同时，苏军对德国党卫军第二装甲军侧翼和正面的持续攻击迫使其撤回清晨所在的阵地。德军"帝国"装甲掷弹兵师没有参加党卫军第二装甲军的战斗，而是在加固防线，重组战斗队形，准备在与第三装甲军取得联系后于7月14日发起攻击。

奥廖尔突出部的战斗再一次打响。苏军西方面军的近卫第十一集团军和第五十集团军联合发起攻击。下午，苏军坦克第一军穿过近卫第十一集团军前一天打开的德军防线上的缺口，不久与坦克第五军一起突破了德军第2道防线。当天结束时，苏军已经在德军阵地上打进了一个宽23公里、纵深15公里的楔子。德军第五装甲师虽然与苏军展开了殊死搏杀，仍然未能阻止苏军的攻势，没有增援部队，德军北翼防线马上就要崩溃。当天夜间，莫德尔派出第十二、第十八和第二十装甲师前来加强防御。

傍晚时分，苏军西方面军近卫第十一集团军突破德军防线，前推达25公里。为从西部掩护近卫第十一集团军，第五十集团军于当天发动了反攻。布良斯克方面军第三集团军和第六十三集团军推进了15公里，突破口宽度为25公里。这两个集团军遭到德军的顽强反抗，不得不进行艰苦的攻坚战。

为了突破德军的强大防线，苏军中的党团员们冲锋在前，对普通士兵作了大量的作战动员工作。近卫第十一集团军进攻时，其第七十坦克旅的先头部队，共产党员丘布科夫率领的第二六三坦克营作战勇猛。该坦克营于夜间攻入乌里扬诺沃市。德军寡不敌众，被迫撤退。第二六三坦克营在追击德军时，在行进间消灭了斯韦特雷韦尔赫村的德军警备队。经过激烈战斗，该营又收复了克拉皮夫纳村。在进攻丘赫洛沃村时，该营消灭了一个德军司令部，歼灭了梅列霍沃警备队。丘布科夫因战功被授予"苏联英雄"称号，该营的大部分坦克兵均获得了嘉奖。

在苏军的反攻下，苏德战场的形势发生了巨大的变化。德军在最重要的战略方向，即奥廖尔方向被迫转入防御。在奥廖尔登陆场，苏军攻势不断加强。希特勒将第二装甲集团军司令施密特解职，把该集团军与第九集团军交给莫德尔统一指挥。莫德尔得到了希特勒的信任，被称为德军防御之"狮"。莫德尔要求德军战至最后一个人，增援的预备队不分日夜快速机动。7月中下旬，希特勒从战役预备队和苏德战场的其他方向调来17个师，增援莫德尔。

第六章　全线追击

　　苏军坦克像一把重剑劈向德军纵深防线，滚滚铁甲洪流给德军留下了刻骨铭心的记忆。整个苏德战争期间，德军从未见过苏联坦克集结在如此狭窄的地段上。苏军坦克通过突破走廊后，立即展开兵力发动猛烈攻击。

◎ 激战奥廖尔

7月14日清晨，德军"大日耳曼"装甲掷弹兵师已经完成作战准备，集结在奥博扬公路两侧。在第三装甲师的协同下，"大日耳曼"装甲掷弹兵师袭击了苏军近卫坦克第五军和坦克第十军的防区。德军的凶猛攻势持续了两天，苏军这两个坦克军遭到沉重的打击，损失惨重，赶来增援的坦克第六军也未能幸免。支援坦克军的苏军步兵师同样遭受了猛烈的攻击，付出了重大代价。苏军试图在反击中削弱德的军突击力量，但是没有成功。德军装甲师迫使苏军近卫第六集团军后撤了大约2公里。"大日耳曼"装甲掷弹兵师先头部队与第三装甲师在别列佐夫卡附近会合。

7月14日傍晚，曼施坦因在南线发动的进攻彻底破产。在当天，德军进攻苏军有漫长的雷场掩护的阵地远比曼施坦因设想的困难得多。苏军优势兵力的猛烈反攻使德军无力抵抗，德军步兵的伤亡还能承受，但是他们无法承受的是坦克的损失。"豹"式坦克使德军感到失望，它一旦被击中就很容易燃烧起来，其燃油和润滑油系统缺乏可靠的防护，乘员也没有接受充分的训练。此时，德军的"豹"式坦克已经没有多少辆了。

库尔斯克突出部北翼的德军第九集团军攻入苏军防线约 11 公里。南方集团军群推进纵深达 19 公里，然而要与第九集团军会师还需要前进 96 公里。苏军经常巧妙地撤出部队，用雷场和反坦克障碍物来对付德军的进攻。苏军不仅在突出部发动反攻，还在奥廖尔和布良斯克之间发动进攻，深深揳入德军防线。德军根据希特勒的命令，全面转入了防御。

7 月 15 日，奥廖尔登陆场的战斗规模升级。从早上起，苏军中央方面军右翼第四十八、第十三、第七十集团军和坦克第二集团军发动反攻，对德军防线中心实施主攻。苏军每推进 1 公里都要付出巨大的代价。中央方面军司令员罗科索夫斯基在日记中写道："中央方面军右翼部队在几天前的防御战中损失惨重，当他们转入反攻时又遇到很大阻力，德军躲在工事里负隅顽抗。德军擅长机动防御，一部分部队负责防御，另一部分占领新阵地。他们不断地把部队投入反攻。"

经过 3 天激战，苏军将突入中央方面军防线的德军赶回原出发阵地。苏联空军第十六集团军每天出动 1000 多架次以上的飞机，支援中央方面军的主攻方向。苏军航空兵的密集空袭在支援地面部队中取得了很大战果，德军炮兵几乎全被压制。每支轰炸机编队和强击机编队攻击德军时，都有歼击机护航。苏军歼击机的架数和战斗队形经常变化。除了直接护航外，有时苏军提前派出歼击机群，将德军的歼击机赶走。

为了阻止苏军的攻势，德军集中使用航空兵。在奥廖尔方向，苏空军的歼击机群在空中与德机展开了激烈的空战，以密集的航空火力压制德机。苏军飞行员西多罗夫立下了赫赫战功，他率领的歼击机大队对德军轰炸机群发起猛攻，冲散德机的队形，不准德轰炸机群靠近战场上空。西多罗夫在第一次进攻时，就摧毁了德军轰炸机群的长机。在接下来的战斗中，他又击落 2 架德军歼击机，并用自己被击燃的飞机撞毁了 1 架德机。西多罗夫牺牲后，被苏联政府追授予"苏联英雄"称号。

在奥尔洛夫希纳上空，"诺曼底"飞行大队的法国飞行员开始参战，其飞行员弗朗苏亚多次出现在苏德战场。7 月 15 ~ 17 日，"诺曼底"飞行员们英勇攻击德机。空战非常激烈，这些飞行员们非常疲劳，仍然不断地飞行，因缺少睡眠双眼通红。空战必须持续进行，着陆甚至不足 10 分钟，就要起飞迎战。15 日，蒂兰和戴福什击落 2 架德军 Me-110。这种德国飞机的机动性能差，苏联"雅克"式飞机很快就绕到它的尾部，一个机枪点射就能击毁它。法国飞行员们在与德机的空战中，表现出高超的空战技能。法国人在库尔斯克会战中连续作战，也受到了很大损失。在会战中牺牲的有飞行大队长蒂兰少校、副大队长阿尔贝尔、利托尔夫大尉、诺艾里·卡斯蒂兰、阿普德连、斐尔明、泰德斯科中尉。

苏军的攻势越来越猛，战果在不断扩大。苏军近卫第十一集团军推进至博尔霍夫与霍特涅茨，前进了 70 公里。苏军第六十一集团军努力打通了通往博尔霍夫的道路，第三与第六十三集团军推进至奥列申河的德军中间防御地带。

7 月下半月，奥廖尔方向的战斗越来越紧张。为了增强进攻力量，歼灭奥廖尔的德军，苏军投入了预备队。苏军最高统帅部调来第十一集团军，接着又调来坦克第四集团军和近卫第二骑兵军加强西方面军的力量。苏军最高统帅部还将近卫坦克第三集团军转隶布良斯克方面军。当上述预备队进入战场时，遇到了很大困难。暴雨影响了行动，当时的情况要求立即把新部队投入战斗，以击退德军的反冲击。苏军预备队往往还没有完成集结或完成进攻准备就要在行进间参战。新的部队源源不断地参战，对战役胜利起到很大的作用。

7月16日，为了防止奥廖尔突出部防线崩溃，德军第九集团军司令莫德尔准备构建新的防线，部队可以稍微后退一些。同时，德军第四装甲集团军和肯普夫战役集群在后卫部队的火力掩护下也开始撤退。

7月17日，希特勒不顾曼施坦因的反对，把党卫军装甲军等主力部队调离普罗霍洛夫卡地区，这就使得德军在苏联战场出现了危机。曼施坦因对希特勒的决定非常不满，他认为若能坚持到底，有可能围歼苏军坦克第五军，最终攻下战略要地普罗霍洛夫卡。德军撤退的主要原因并非丧失了战斗力，而是希特勒失去了继续与苏军作战的信心。随着主力部队的撤离，德军失去了在苏联战场上最后一次夺取战略主动权的机会。

从战略意义上讲，比起对苏联各方面资源的需要和对布尔什维克的仇视，希特勒更重视其欧洲的利益。希特勒撤走主力部队的重要原因是保存实力。从后来的战争看，希特勒被迫到处抽调部队弥补危机四伏的防线，使德军变得更加被动。于是，希特勒给德军下达了这样的命令："我们不指望能守住西西里岛，重要的是拖延敌军，为稳定欧洲大陆的局势争取时间。最重要的是不能让一个德国师遭受损失。"

◎ 准备反攻

7月19日晨，调入布良斯克方面军的苏军近卫坦克第三集团军开始参战，负责突击普罗塔索沃、奥特拉达方向，协同第三集团军消灭姆岑斯克的德军。在短时间炮火准备和空袭后，近卫坦克第三集团军各军开始进攻，负责击退德军装甲部队与步兵部队进行的疯狂反冲击。

第一一三坦克旅遭到了德军的顽强反攻，该旅位于第十五坦克军的左边进攻。他们找到了德军防守的缺口，快速插入。当时，该旅的一个坦克连在古谢沃村旁小树林中俘虏了20辆正在加油的德军坦克。后来，全体坦克兵获得了勋章。

同日，苏军近卫坦克第三集团军沿奥列申河突破了德军防线的中间地带，收复了约30个居民点。

这一天，希特勒被迫调来大批飞机对付苏军坦克，德军轰炸机以8～35架飞机组成一个编队，在歼击机护航下向苏军战机扑来。苏军歼击机在空战中击落 23 架德机，德军轰炸机群掉头逃窜。苏军空军第十六集团军每天出动 1000 多架次飞机，德军遭受重大损失。在苏军侦察机的召唤下，苏军强击机和轰炸机群轮番向克罗梅卡拉切夫公路上的德军和奥廖尔－霍蒂涅茨－卡拉切夫－布良斯克铁路线发动空袭。

7 月 20 日，苏军第三集团军第三四二师、第二三三师收复了姆岑斯克市。姆岑斯克的德军一部在城南被歼灭。德军空军为掩护部队撤退，向苏军布良斯克方面军进行了密集轰炸。傍晚前，苏军近卫坦克第三集团军切断了奥廖尔至姆岑斯克的公路，占领了奥卡河渡口。

希特勒给德军第九集团军司令莫德尔下令，禁止部队后撤。莫德尔马上与自己的顶头上司中央集团军群总司令克鲁格联系，请求他说服希特勒重新考虑部队的撤退问题。

7 月 21 日，苏军第三集团军到达奥卡河，近卫坦克第三集团军继续展开扩大登陆场的战役。近卫坦克第三集团军向南冲去，通过第六十三集团军的进攻地带，直抵德军奥普图哈河防线的中间地带。

苏军中央方面军右翼部队向克罗梅发动的进攻也取得了成功。防守奥廖尔的德军集团面临被包围的危险。西方面军所属近卫第十一集团军、坦克第四集团军、第六十一集团军在进攻时粉碎了德军的抵抗，靠近奥廖尔的德军主要交通线。中央方面军从南边强攻交通线。苏军第十一集团军加入近卫第五十和第十一集团军，对奥廖尔突出部北翼发动攻击。

德军在与苏军西方面军和布良斯克方面军激战时，被迫投入预备队，全力阻挡苏军推进。德军在另一些地段的情况也变得非常不利。在库尔斯克突出部的正南面，德军南方集团军群在苏军沃罗涅日方面军和草原方面军的打击下被迫撤回原出发地。另外，苏军西南方面军于 7 月 17 日在伊久姆－巴尔文科沃方向展开进攻，南方面军沿米乌斯河岸向前推进。

7 月 22 日，苏联空军总司令诺维科夫空军元帅给最高统帅部大本营提交了一份报告。诺维科夫在报告中指出："作为机场对空防御的有效措施，我们极其成功地采取建造假机场的办法。例如，在最近的 1 个半月里，敌航空兵向南方面军空军第八集团军的假机场投弹 2214 枚，重达 46755 公斤，而在同一时间内对真正的机场只投下 61 枚炸弹，总重为 2750 公斤。"由于苏联空军进行了巧妙的伪装，加之分散了飞机驻地，因此德军的突击大多是对假机场进行的。

希特勒同意构筑一道"弹性防线"，莫德尔据此可以将第二装甲集团军撤出库尔斯克战场。此时，希特勒终于同意德军在东线进行有限撤退。这一转折标志着德军向西方（本土）大规模撤退的开始。

这一天，苏军列宁格勒方面军和沃尔霍夫方面军在姆加发起反攻，迫使德军放弃了对列宁格勒的夏季攻势。德军在苏联战场由于兵力不足而陷入严重危机，后方情况越来越糟糕。苏联游击队集中破坏德军的铁路交通线。奥廖尔州的游击队从 7 月 22 日至 8 月 1 日就炸毁了近 7500 根铁轨。在库尔斯克战役中，苏联游击队多次摧毁德军的军列。

苏军在库尔斯克反攻的胜利，使得欧洲德占区人民的民族解放斗争持续高涨，德国的统治基础不断出现新的危机。鉴于德军兵力严重不足以及奥廖尔地区部队的危机，希特勒决定放弃奥廖尔，向布良斯克以东的防线撤退，并在一个月内逐次向纵深撤退 100 公里。根据希特勒的计划，缩短战线后可以抽出大批的预备队支援意大利战场，但是苏军的强大攻势打破了希特勒的计划。

7月23日，斯大林要求库尔斯克突出部南部的苏军马上转入反攻，朱可夫反对这样做。朱可夫说，经过长期激战后，两个方面军在发动攻势以前急需补充和休整。苏军最高统帅部最后把反攻的日期定为8月3日，进攻作战的代号引用俄国陆军元帅鲁缅采夫将军的名字，即"鲁缅采夫"。执行"鲁缅采夫"任务的是沃罗涅日方面军和草原方面军，共有90多万人。其实，苏联最高统帅部早在4月份就已经决定实施"鲁缅采夫"行动，但是直到库尔斯克会战临近尾声时才完成有关作战计划。

草原方面军司令员科涅夫回忆说："7月23日至8月3日，这10天是部队准备反攻的必要的10天。我们需要弄清德军的情况，曼施坦因已经把德军调到修筑好的防御工事内；要把草原方面军的部队调到出发阵地，重新部署也需要准备时间；沃罗涅日方面军在一些地段上仍在进行防御战。在当时的情况下，草原方面军在哈尔科夫方向从行进间发动反攻是错误的，无组织无计划的反攻当然不会取得胜利。"

7月24日，苏军沃罗涅日方面军司令员瓦图丁和草原方面军司令员科涅夫收到了最高统帅部的命令，要求为"鲁缅采夫"行动做好最后准备。苏军部队、燃料、弹药和装备源源不断地抵达集结区。就在苏军进行"鲁缅采夫"行动准备的时候，德国根据获得的情报发现苏军大批兵力向西运动，南方集团军群总司令曼施坦因命令德军开始组织撤退行动。

7月25日，苏军西方面军所属近卫第三集团军切断了奥廖尔至库尔斯克的铁路线。苏军进行了反复尝试，仍然没能在德军防线上找到薄弱点。苏德双方进行了长时间的消耗战，均遭受了巨大损失。

◎ "鲁缅采夫"计划

　　7月26日，希特勒在大本营召开作战会议。中央集团军群总司令克鲁格在会上反对希特勒从奥廖尔登陆场抽调几个师赴意大利作战。克鲁格在解释他为什么反对时，描述了整个苏联战场上德军兵力不足的情况。会议还讨论了大量驱赶奥廖尔州人撤离和彻底毁灭该州的问题。第二装甲集团军和第九集团军在战斗报告中说，在"破坏工作"中，他们把更多的牲畜运走，把更多的粮食运走，把所有的居民赶走，破坏一切重要设施，比如道路、桥梁，难以运走的机器和农机具一律摧毁。

　　为了阻止德军的破坏，苏军做了很多努力。苏军西方面军、布良斯克方面军和中央方面军痛歼德军。然而，德军的阻击仍然很顽强，他们一边搞破坏，一边在有利地形上进行顽抗。德军千方百计地保障主力撤退，但是这仍然改变不了他们越来越糟糕的处境。

　　7月29日，德军撤离霍特涅茨和博尔霍夫。

7月30日，苏军最高统帅部把近卫第十一集团军、第十一集团军和坦克第四集团军、近卫第二骑兵军从西方面军转隶布良斯克方面军，以便集中指挥奥廖尔方向的作战。该决定对粉碎德军的奥廖尔集团具有重大意义，还使西方面军司令部能够集中精力准备斯摩棱斯克方向的大反攻。

7月31日，德军中央集团军群总司令克鲁格向最高统帅部报告："我们原本计划在撤退时更多地歼灭敌人，但是已无法完成，目前各部队的战斗力下降严重，疲惫不堪。"

7月底，苏军草原方面军在别尔哥罗德以北地区集结完毕后，别尔哥罗德－哈尔科夫方向上的苏军兵力占了绝对优势。由于苏军西方面军、布良斯克方面军、中央方面军、西南方面军和南方面军的进攻，希特勒把大部分装甲和摩托化部队从哈尔科夫调到顿巴斯和奥廖尔方向，使得德军南方集团军群在兵力上出现了危机。这样，南方集团军群在别尔哥罗德－哈尔科夫一带就只剩下18个师，其中4个装甲师，共300000人，并且武器、弹药、燃油等严重匮乏。集团军群总司令曼施坦因把各部队部署在构筑好的防御工事上，其防御力量由主防御地带和第2防御地带构成，纵深90公里。德军部署在7个防御地区，其中哈尔科夫成为抵抗枢纽。曼施坦因在哈尔科夫市建立了两道环形筑垒防线。

8月初，苏德双方在铁路枢纽、奥廖尔的接近地发生了激战。苏军布良斯克方面军进攻奥廖尔的东北地区，中央方面军进攻奥廖尔的南部地区。德军艰难地防守着奥廖尔西面的交通线。德军在奥廖尔州的各部队情况危急，希特勒下令加快撤退速度，同时把大量财物运出奥廖尔，把居民赶走，彻底毁灭奥廖尔。在通往奥廖尔的多条道路上，到处是德军和辎重队伍，经常发生堵塞。在奥廖尔市和奥卡河渡口，聚集了大量德军。

苏军最高统帅部要求航空兵不间断地轰炸撤退中的德军。苏联空军第十五和第十六集团军在 5 天内出动 9800 多架次飞机。德军撤退的路上经常能看到尸体、炸毁的卡车、坦克和其他武器。苏军的猛攻使德军难以完成破坏奥廖尔市和抢运财物的计划。在该市的近郊，苏军第三集团军在德军阵地上撕开了一个缺口。奥廖尔东北的德军于 8 月 1 日晚开始撤退。

奥廖尔战役德军中央集团军群的再一次失败

8 月 1 日，苏军布良斯克方面军第三集团军向前推进了 14 公里，从西北方包围了奥廖尔市。

苏联最高统帅部正式批准了"鲁缅采夫"战役计划。"鲁缅采夫"战役计划规定：沃罗涅日方面军和草原方面军突击德军第四装甲集团军与肯普夫战役集群的接合部。突击总方向为博戈杜霍夫、瓦尔基、新沃多拉格，要求将德军分割为两部分，在哈尔科夫切断别尔哥罗德－哈尔科夫的德军与西面

164

预备队的联系，最后围歼德军。同时，苏联最高统帅部还计划对德军防御地带发动一系列辅攻，由西南方面军第五十七集团军负责，以支援草原方面军对哈尔科夫的进攻。

"鲁缅采夫"计划具有战役机动的特点，计划规定苏军展开进攻的正面为 200 公里，纵深为 120 公里。该战役计划实施时间为 10～12 个昼夜，每昼夜应向前推进 10～12 公里。为了确保战役的胜利，苏联最高统帅部要求在主攻方向集结重兵，要有压倒德军的绝对优势兵力。除了强大的空军第二和第五集团军，苏军统帅部还调来近 200 架远程轰炸机以及空军第十七集团军部分兵力和国土防空军。

苏军沃罗涅日方面军和草原方面军集结了 98.05 万人，1.2 万门火炮和迫击炮、2800 多辆坦克和自行火炮以及 1300 架飞机。苏军集中大量兵力和重型武器，主攻方向每公里正面平均为 216 门火炮和迫击炮。在近卫第五集团军和第五十三集团军的进攻方向，每公里正面高达 230 门火炮和迫击炮。仅为保障正面所有火炮的一次齐射，就需要 10 列车厢的炮弹。另外，苏军还完成了装甲部队的集结。在两个方面军的主攻方向上的集团军中，平均每公里地段上就有 15～20 辆坦克。其中，沃罗涅日方面军主攻方向上，每公里地段上达到 70 辆坦克和自行火炮。

苏军在其他方向的反攻均应策应"鲁缅采夫"战役，为此西南方面军和南方面军继续进攻顿巴斯方向的德军。苏军工程兵部队修筑了大量道路、桥梁、渡口，广泛进行战役伪装、排雷和构筑出发地域的措施。苏军指挥部在准备实施主攻的方向，各部队的集结地域、战役发展企图等方面迷惑德军，在苏姆地区故意伪造装甲部队与机械化部队兵力展开，以便让德军误以为在苏姆方向有大的攻势即将爆发。德军最高统帅部对伪造的苏军军队集结地域非常重视，多次出动轰炸机进行空袭。

苏军在反攻准备阶段开展广泛的政治动员工作，动员全体官兵快速突破德军的防线，勇敢坚决地粉碎一切顽抗的德军。苏军的政委们尤其重视对大批新兵的思想政治工作，命令新兵们必须担负战斗任务，向新兵们讲解英雄主义精神。在政委们的号召下，许多士兵申请加入共产党，战斗激情空前高涨。那些在以往战斗中作战勇敢的优秀士兵被接收入党，保证了党的队伍不断壮大。政委们还给每个党团员规定了具体的任务，极大地提高了战斗力。在很多苏军部队中，那些曾在防御战中伤亡过半的部队中，大量新兵入党，新接收的党员数量甚至超过战死的党员人数，大大提高了部队的士气。

与此同时，苏联游击运动中央司令部制订了"铁道战"计划。苏联游击队在正面长 1000 公里、纵深 750 公里的广大区域内活动。仅 8 月 2 日晚，苏联就出动了 167 支游击队近 10 万兵力攻打德军铁路线。游击队占领了预定的路段，炸毁路基、设施，炸毁德军火车和给水系统等。当天，苏联游击队炸毁 4.2 万根铁轨。德军的后勤保障系统遭到毁灭性的打击。

8 月 2 日中午，苏军第三集团军主力赶到涅波洛基河。在奥廖尔市以南，第三集团军左翼第三〇八和第三八〇步兵师继续进攻该市。

◎ 钢铁巨流不可阻挡

8月3日，苏军草原方面军和沃罗涅日方面军沿着库尔斯克突出部南部出其不意地对受到重创的德军发起"鲁缅采夫"战役，其目的是突破突出部南部的德军防线，夺回别尔哥罗德与哈尔科夫交会处的重要交通枢纽。在这次攻势作战中，草原方面军调集了194000人的部队，编成3个多兵种集团军，装备有460辆坦克、4100门火炮；沃罗涅日方面军则投入了458000人，包括2个精锐先锋坦克集团军和5个多兵种集团军，配备有1930辆坦克（多数为T-34型）与8650门火炮。

凌晨5时，苏军万炮齐鸣，炮弹如雨般落在德军阵地上。炮击长达两个多小时，以"喀秋莎"火箭炮的齐射而告结束，德军伤亡惨重。接着，苏军装甲部队和步兵部队发起猛攻。德军寡不敌众，无法阻挡苏军的钢铁巨流，德军防线很快就被冲垮了。

苏联最高统帅部大本营决定先派4个多兵种集团军突入德军战术防御区，

然后趁局势尚不稳定再派 2 个精锐的近卫坦克集团军迅速纵深插入德军后方并伺机夺取哈尔科夫。哈尔科夫不仅是德、意等轴心国在乌克兰的重要行政中心，还是重要的交通枢纽，牵动着德军的整条战线。

苏军的"鲁缅采夫"攻势代表了一个新的阶段：逐渐扩大攻势，巩固战果，在苏德战场上的整个中部与南部战区展开全面攻势。苏军希望这种全面反攻能在 5 个月内将德军驱赶到第聂伯河。这些同时进行的攻击将最终卷入至少 7 个方面军的 2800000 兵力。

苏军"鲁缅采夫"攻势行动令希特勒大为震惊，他以为在库尔斯克尤其是在普罗霍罗夫卡的攻势中受到严重损失的沃罗涅日方面军和草原方面军已经元气大伤，至少要到 8 月底才能恢复元气，重新发起新一轮攻势。没有想到的是，苏军在最高统帅斯大林的告诫和号召下迅速组织起来，能够在德军从"堡垒"行动中所受的打击恢复之前提前展开行动。对希特勒来说更糟的是，受惊的肯普夫战役集群和第四装甲集团军仅能把 20.4 万人的军队和 340 辆尚可使用的装甲车与攻击炮车投入战斗，与拥有 652000 人的苏军进行对抗。德军在毫无准备的情况下突然遭到袭击，兵力上又处于下风，因此可以想象到德军的战术防御阵地在苏军强悍的打击下是何等的惨象。

下午 1 时，苏军沃罗涅日方面军近卫第五集团军向前推进了四五公里。为了加快推进速度，方面军司令员瓦图丁把坦克第一集团军和近卫坦克第五集团军投入战斗。苏军装甲部队扩大了步兵部队的战果，向南发动强攻，冲垮了托马罗夫卡和别尔哥罗德的德军防线。苏军两个坦克集团军当天向前推进了 30 公里。苏军坦克像一把重剑劈向德军纵深防线，滚滚铁甲洪流给德军留下了刻骨铭心的记忆。整个苏德战争期间，德军从未见过苏联坦克集结在如此狭窄的地段上。苏军坦克通过突破走廊后，立即展开兵力发动猛烈攻击。

苏军草原方面军在别尔哥罗德北部发动进攻，因没有强大的装甲部队，所以向前推进迟缓。第五十三和第六十九集团军一天只推进了七八公里，而第一机械化军推进了 15 公里。

苏军布良斯克方面军第三集团军第三〇八步兵师继续向奥廖尔市发动进攻。连降暴雨后的泥泞道路和德军布设的近千枚地雷阻滞了苏军的攻势。苏军工兵部队日夜工作，以保障各部队的进攻。他们夜以继日地筑路、架桥、铺设渡口和排雷等。在第六十三集团军的攻击下，德军开始从奥廖尔东南地区撤退。在解放该市前，布良斯克方面军政委们向所有官兵发出号召："广大指战员们，你们很快会看到希特勒灭亡的那一天。奥廖尔马上将获得新生……"

在解放奥廖尔市的战斗中，苏军第三集团军和第六十三集团军配备了大量红旗。关键时刻，红旗出现在哪里，官兵们就冲向哪里。

苏军在坦克和飞机的支援下，继续对德军第九集团军的前线阵地发起集团冲锋，不断有新部队加入攻击行列。苏军对撤退的德军第二装甲集团军紧追不舍。苏军在奥廖尔的北面、东面和南面将该城包围，包围圈越来越小。

苏军各部队在奥廖尔战斗中立下了赫赫战功。在该市的接近地，某连连长列别杰夫率领连队一举攻下了重要的制高点。该连战士全歼了那里的德军士兵。德军多次发起反冲击，企图夺回失去的高地。在一次反冲击时，列别杰夫和传令兵古谢夫被包围。列别杰夫端起机枪狠狠地向德军扫射，击毙了十几个德军士兵，迫使其撤退。激战中，列别杰夫两处受伤，最后是由战士们从战场上背下来的。

3 日晚，布良斯克方面军第五步兵师、第一二九步兵师、第三八○步兵师、近卫第十七坦克旅的官兵抢先攻入奥廖尔市区。苏军第二十八步兵师从西北纵深围攻该市的激战也在进行着。苏军坦克攻入德军防线后不断推进，为步兵部队扫清了障碍。

在地面部队反攻前两小时，苏军轰炸机和强击机在歼击机的护航下对德军防御工事进行了猛烈的轰炸。在苏军发起进攻前不久，苏军航空兵又有200 多架飞机对德军进行了集中轰炸。在苏军航空兵和炮兵的强大火力下，进攻的前 30 分钟内，德军炮兵基本丧失了反抗能力。德军的个别炮兵曾一度开炮轰击，但很快就被苏军强击机炸毁。德军调来大量飞机，想阻止苏军的攻势。德军轰炸机分成小编队偷袭，轰炸正在进攻的苏军步兵和坦克。然而，战场上空的苏军歼击机数量庞大，致使德军机群的轰炸任务无法完成。

"鲁缅采夫"战役行动的第 1 天，苏军航空兵出动了 2670 架次飞机，有力地支援了沃罗涅日方面军和草原方面军的作战。曼施坦因立即将预备队从其他地方调往哈尔科夫和阿赫蒂尔卡。这次调动被苏军侦察机发现，于是调来大量飞机，炸毁铁路和公路，轮番轰炸行进中的德军预备队。苏军飞机成功炸毁了沿线很多火车站，炸毁了行进途中的很多军列和卡车。由于苏军飞机的轰炸，德军预备队遭受了沉重的打击。

◎ 巷战，最后的对抗

　　8月4日，沃罗涅日方面军和草原方面军粉碎了德军的抵抗，继续向前推进。德军在别尔哥罗德北部的抵抗十分强悍，致使苏军第五十三和第六十九集团军的攻势受挫。沃罗涅日和草原两个方面军组成的突击集群全力进攻托马罗夫卡和别尔哥罗德的接合部。曼施坦因竭尽全力指挥部队坚守咽喉要地，阻止苏军装甲部队向南运动。曼施坦因不时利用有利条件向苏军后方发动反攻。然而，苏军牢牢掌握着制空权，空军压制着德军炮兵、预备队和部队调动。于是，双方爆发了空战，苏军击落德机43架。

　　苏军近卫第六集团军、近卫第五集团军、坦克第一集团军推进至托马罗夫卡枢纽部，在多个地段揳入德军防线，从北面、东面和南面合围了托马罗夫卡。曼施坦因出兵阻击别尔哥罗德以北的苏军，因兵力不足而失败。傍晚，苏军突破了德军第2、第3道防御阵地，到达别尔哥罗德市的近郊。在别尔哥罗德东部和东南部，德军出现了严重危机：苏军近卫第七集团军攻下北顿涅茨河右岸的德军登陆场，并强渡该河。

同一天，苏德双方在奥廖尔市东部爆发了巷战。躲在市中心的德军士兵不停地爆破、炸毁市政建筑和住宅、工厂，并在很多建筑物里布设了地雷。苏军击退德军后，攻入奥廖尔市区东部，并追击正在渡过奥卡河的德军。该市居民千方百计地帮助苏军渡过奥卡河。在巷战中，苏军的指挥变得十分复杂。苏军通信兵做了很多工作，才使得通信联络始终未曾中断过。苏军第一〇九通信团训练有素，有力地保障了电报电话和无线电联系。通信团有很多女兵，她们大都是柔弱的学生。在卫国战争最困难的时刻，她们纷纷响应政府的号召，锻炼成为勇敢坚强的通信兵。

傍晚时分，奥廖尔市西部的战斗十分激烈。苏军第三集团军第二六九、第三〇八步兵师从北部和东北部攻入奥廖尔市区。

8月5日拂晓，布良斯克方面军解放了奥廖尔，广大市民们激动地欢迎红军的到来。同一天，苏军草原方面军收复了别尔哥罗德，继续向西南方向的博哥杜霍夫与哈尔科夫推进。

为了庆祝这两个城市的解放，莫斯科鸣放了礼炮。也就是从这一刻起，在莫斯科为庆祝苏军的胜利而鸣放礼炮成为传统。

苏军的巨大胜利，引起了世界各国的广泛关注。美国总统罗斯福在广播中不得不承认："当前最有决定意义的战区是苏联……今年夏天，德国人正在绝望地挣扎。苏军不仅挫败了德军的进攻，还进行了大反攻。苏联从德国的奴役下解放自己的同时拯救了全世界。世界各国人民都应感谢苏联，苏联在未来的世界中也将是善邻。"

德军撤出奥廖尔后不断收缩战线，不断进行强有力的抵抗。苏军继续扩大进攻正面，并将库尔斯克战役中的反攻转变为战略总攻。

　　同一天，苏军沃罗涅日方面军司令员瓦图丁命令第二十七和第四十集团军投入战斗。沃罗涅日方面军的进攻地带不断向西扩大。沃罗涅日方面军和草原方面军突破了德军防线 26 公里。沃罗涅日方面军的装甲部队在西南方向继续向前推进。在托马罗夫卡地域，苏德双方部队激战一天。最终，托马罗夫卡的德军被歼灭，其残部于夜里逃走。

　　与此同时，苏军草原方面军开始向别尔哥罗德市区发起进攻。德军把该市变成了堡垒，市区外围修筑了大量的防御工事，构筑了永备防御工事网，市内修筑了大量的巷战设施。德军根本无法阻挡苏军猛烈的火力，别尔哥罗德－哈尔科夫的防御体系土崩瓦解。苏军第六十九集团军从北面进攻别尔哥罗德。近卫第七集团军全部渡过北顿涅茨河后，开始威胁别尔哥罗德市内的德军。

　　然而，德军更危险的情况出现在别尔哥罗德市西郊。苏军第五十三集团军的机械化部队开始进攻别尔哥罗德市。抢先攻入该市的是近卫第八十九步兵师和第三〇五步兵师，它们均荣获"别尔哥罗德师"称号。

　　德军负隅顽抗，双方爆发了巷战。在攻城战中，苏军涌现出大量勇猛善战的部队。当近卫第九十四步兵师攻入市内时，奉命将红旗插在了电站大楼上。此时，电站及其附近建筑物还在德军控制中。苏军在德军扫射下，冒着枪林弹雨冲向电站大楼。11 时 30 分，红旗终于飘扬在别尔哥罗德市上空，这无疑极大地鼓舞了各进攻部队的士气。

　　苏军在别尔哥罗德攻坚战中，夺取房屋等建筑物，不断围歼市内的德军。在一所二层砖瓦楼里，有一些德军士兵封锁着市中心以北的接近地。苏军越过围墙，向楼内扫射。双方互掷手榴弹，随后展开了肉搏战。结果，苏军俘获德军士兵53人，击毙77人。手榴弹是苏军巷战时不可缺少的武器。尽管炮兵能给予苏军有力支援，但是没有手榴弹使用起来灵活。

黄昏时分，德军丢下3000多具尸体，开始向南逃窜。苏军各个战场都在纷纷欢呼这一胜利。别尔哥罗德的胜利同时引起全世界反法西斯人士的欢呼。英国首相丘吉尔给斯大林写信："我向您衷心祝贺贵国军队在奥廖尔和别尔哥罗德获得的伟大胜利，此次胜利为苏军在布良斯克和哈尔科夫方向打下了进攻基础。德军在苏联战场上的溃败是盟国走向最终胜利的标志。"

战后的别尔哥罗德市一片狼藉，车辆仓库和市中心发电站变成了瓦砾。罐头厂、肉类厂、碾米厂、啤酒厂、面粉厂、砖瓦厂和石灰厂被炸毁。全市停水停电。德军临走前还炸毁了北顿涅茨河大桥和韦泽尔卡河大桥。全市3420幢住宅被炸毁。别尔哥罗德市只幸存下150名居民。苏军工兵在市区排除了50000颗地雷。

苏军在别尔哥罗德－哈尔科夫方向发动的反攻，从根本上打乱了苏德战场南翼德军的态势。希特勒当初从哈尔科夫调走几个坦克师增援顿巴斯，这时又重新调回哈尔科夫。德军"帝国"装甲师和第三装甲师被调到哈尔科夫，"维京"和"骷髅"装甲师匆忙被调到哈尔科夫，"大日耳曼"机械化师也从奥廖尔被调往哈尔科夫。

苏军的侦察部队及时发现了德军装甲部队的调动情况。轰炸机群开始猛烈轰炸调动中的德军装甲部队，使其损失惨重。德军装甲部队向哈尔科夫地域的调动只能被迫停滞。加上苏联游击队不断发动铁道战，德军的处境越来越艰难。其中，乌克兰游击队攻打德军的铁路线，使得德军通向库尔斯克突出部最近的基辅铁路通行能力锐减。

5 日晚，苏军第一八一坦克旅的 4 辆 T-34 坦克突至佐洛切夫市。苏军坦克的突然出现，打了德军一个措手不及，纷纷奔向汽车和坦克，成群成群地向城南逃去。

8 月 7 日，在奥廖尔登陆场以北，苏军西方面军向斯摩棱斯克方向发动了攻势，矛头直指布良斯克方面军以东的德军主力后方。希特勒被迫从布良斯克方向抽调 13 个师加强斯摩棱斯克方向。

7 日晚，苏军沃罗涅日方面军所属坦克第一集团军攻下德军防御重地博戈杜霍夫。近卫坦克第五集团军占领哥萨克洛潘和佐洛切夫，随后直扑西北方向的哈尔科夫。苏军空军积极支援地面部队的进攻，它的攻击重点是败退的德军和预备队。8 月 3 日至 8 日，苏联空军出动了 1 万架次飞机，其中 8000 架次用于攻击德军地面部队。苏军飞机在 6 天内击落近 400 架德机。

至此，德军防线被苏军装甲部队分割成两个部分，在德军第四装甲集团军与肯普夫战役集群之间出现了一个 55 公里的缺口。

◎ "匕首"被折断

8月9日，苏军中央方面军所属近卫第十一集团军与坦克第四集团军向霍特涅茨市发动进攻。次日，中央方面军所部解放了霍特涅茨市。德军遭到拥有制空权的苏军航空兵的空袭，损失很大。

8月11日，苏军沃罗涅日方面军开始向博罗姆利亚、阿赫特尔卡、科捷利瓦发起进攻，一举切断了哈尔科夫－波尔塔瓦铁路线。与此同时，草原方面军开始进攻哈尔科夫的外围防线。这时，西南方面军所属第五十七集团军编入草原方面军。傍晚，第五十七集团军强渡北顿涅茨河，占领丘古耶夫，从东面和东南面向哈尔科夫防线发起冲击。苏军将德军第四装甲集团军向西压迫，企图通过打开的缺口从西部迂回攻击德军肯普夫战役集群，并将德军第四装甲集团军围歼在哈尔科夫。

8月12日，苏军中央方面军收复了德米特罗夫斯克－奥尔洛夫斯基。经过3天进攻，苏军布良斯克方面军解放了卡拉切夫市。在进攻该市的战斗中，由于作战勇敢顽强，近卫第十一和第十一集团军的 4 个兵团获得"卡拉切夫兵团"荣誉称号。

同一天，德军在哈尔科夫以东和东南方向发动了反攻。在博戈杜霍夫以南，德军投入了党卫军"帝国""骷髅""维京" 3 个装甲师，对苏军坦克第一集团军和近卫第六集团军发动反冲击。德军装甲部队的任务是插入苏军沃罗涅日方面军装甲部队的后方，解除苏军对哈尔科夫的威胁。德军投入坦克 400 辆，空军同时展开反攻。

苏德双方不断投入兵力，使得博戈杜霍夫方向的战斗规模越打越大。德军每向前推进 1 公里都要付出沉重的代价。德军装甲部队想把苏军赶出仓促构筑的阵地，其攻势每时每刻都在加强，苏军利用高地、小树林和居民点进行顽强阻击。

德军不间断地进行炮击，其飞机轰炸着苏军装甲部队的战斗队形。尽管德军装甲部队装备精良，但是兵力有限，根本无法突破苏军在博戈杜霍夫以南的强大防线。从 11 至 17 日，德军装甲部队迫使苏军两个坦克集团军北撤 20 公里。德军装甲部队终因兵力不足，被迫转入防御。

在博戈杜霍夫方向，苏军的攻势之所以受挫，在很大程度上是因为苏军装甲部队孤军深入，步兵和炮兵跟不上装甲部队造成的。希特勒命令曼施坦因不惜一切代价守住哈尔科夫。曼施坦因立即在阿赫特尔卡集结反突击兵力："大日耳曼"机械化师、第十机械化师、第五十一和第五十二独立重坦克营，以及第七、第十一和第十九装甲师。另外，他还要求将"骷髅"装甲师从阿赫特尔卡以南向前推进。

苏军最高统帅部将第四十七集团军调往沃罗涅日方面军。第四十七集团军从北方进攻德军反突击部队。另外，最高统帅部还把预备队近卫第四集团军调到阿赫特尔卡东北方向，以加强那里的沃罗涅日方面军部队。

8月13日，苏军草原方面军第五十三、第六十九和近卫第七、第五十七集团军攻入哈尔科夫市的德军外围防线。德军以疯狂的反攻报复草原方面军，不计一切伤亡，企图守住哈尔科夫。然而，德军兵力明显不足，无力阻止草原方面军强大的攻势。苏军怀着高昂的进攻激情，全力攻打哈尔科夫。

战事激烈

苏军草原方面军司令科涅夫提出解放哈尔科夫市的方法：先在外围发动几次强大的突击，再从西北和东南主攻该市。哈尔科夫外围的战斗异常激烈，苏军的攻势越来越强。苏军步兵和坦克在战场上协同进攻，绕过德军的抵抗枢纽，深入德军防线。苏军强大的炮兵部队在摧毁德军防御中起了非常重要作用，同时有力地支援了步兵和坦克，并压制了德军炮兵，重创了德军反突击部队。另外，草原方面军的航空兵对防御工事及德军反突击部队实施了密集的轰炸。激战中，德军伤亡惨重，一切稳定防线的计划宣告失败。

8月15日，苏军第二九九步兵师第九六〇步兵团机枪连占领波列沃耶村的201.7高地，16名红军战士躲在工事里阻击德军。不论德军如何疯狂反攻，他们仍然守住了该高地。

德军的装甲部队和机械化部队被沃罗涅日方面军击退后撤回哈尔科夫市，经过连续的进攻部队早已疲惫不堪。德军在重型坦克和喷火器的支援下发动多次反扑。这些苏军战士放过德军坦克，在掩体内藏好，然后猛烈扫射德军步兵。在多次阻击中，苏军击毙了大量德军步兵。高地上的苏军十几个战士使用无线电呼叫炮兵，要求炮兵向他们开炮。最终，苏军大部队前来增援，歼灭了高地附近的德军。

8月17日，草原方面军攻至哈尔科夫郊区。德军顽强抵抗，激战昼夜不停。在哈尔科夫战斗的最后阶段，草原方面军从西面和东南面猛攻市区。

8月18日晨，德军向阿赫特尔卡发动了反攻。德军装甲部队在一个宽7公里的狭窄地段上推进了40公里。当天，苏军最高统帅部预备队第十七炮兵师第九十二重榴弹炮兵旅巧妙地构筑环形防御，击退了德军坦克的多次冲锋。最高统帅部要求苏军采取有力措施，阻止德军向前推进，并将德军赶回出发阵地。

苏军沃罗涅日方面军第四集团军、近卫第六集团军和坦克第一集团军各部队相继投入战斗，严重地威胁着阿赫特尔卡的德军。

同日，苏军草原方面军所属第五十三集团军进攻哈尔科夫西北的大片森林地。经过一番激战，德军经受不住苏军炮兵猛烈而准确的轰击和步兵的强攻，被迫向森林深处撤退。夜间，双方展开了肉搏战，最终苏军攻入德军防线，深入森林，占领了具有重要战术意义的208.6森林高地。在第五十三集团军各部队的协同下，于次日清晨歼灭了森林中的德军，随后攻入佩列谢奇纳亚村，进抵乌达河渡口。另外，苏军草原方面军所部第五十七集团军从东面进攻哈尔科夫市区，随后各集团军收缩了包围圈。

这一天，苏军中央方面军攻占了奥廖尔登陆场。苏军对奥廖尔方向的反攻长达37天，向西推进了150公里。苏军在进攻中击溃德军达15个师。德国宣传部门曾称奥廖尔登陆场是德军刺向苏军心脏的匕首，如今这把"匕首"终于被苏军折断了。在奥廖尔战役中，苏军消灭德军200000人，摧毁坦克1044辆、火炮2402门。苏军未能实现战前制订的围歼德军中央集团军群的计划，同时苏军伤亡429800人，损失坦克2536辆、火炮892门、飞机1104架。

8月20日傍晚，苏军沃罗涅日方面军所部第四十、第四十七集团军推进到阿赫特尔卡，威胁着德军的左翼。曼施坦因立即下令停止进攻，德军被迫转入防御。在当天的激战中，德军装甲部队寡不敌众，损失惨重。此时，在顿巴斯方向，苏军西南和南方面军于8月中旬突破了北顿涅茨河岸和米乌斯河岸的德军防线，出现在哈尔科夫以南，两个方面军的主力扑向顿巴斯。

第七章　溃不成军

　　面对强大的苏联红军，德军第一装甲集团军和第九集团军开始大规模撤退。在苏军日益强大的同时，德军越来越虚弱。由于希特勒拒绝让暴露在苏军火力下的德军部队及时撤退，因此遭受了巨大的损失。

◎ 勋章，为军旗添彩

在苏军沃罗涅日方面军长达 20 天的进攻中，草原方面军各集团军持续向哈尔科夫方向发动进攻。失去哈尔科夫会对顿巴斯的德军造成相当大的威胁，希特勒要求曼施坦因务必守住该市。

哈尔科夫外围的工事十分坚固，外围工事距市区 8 ~ 14 公里，由居民点组成，布设了地雷、铁丝网和反坦克壕沟。居民点之间的间隙地上修筑了火力支撑点，支撑点之间形成火力体系。每个支撑点都修成环形工事，很多防御工事修在高地的反斜面上，以降低苏军炮兵的攻击。在城郊和市区之间修建了大量斜切中间阵地。通向城市的道路、桥梁都布设了地雷，或者准备布雷。哈尔科夫城郊修筑了内城防御工事。德军在内城防御工事修建了大量的砖石建筑。郊区街道铺了街垒，城内的公路和街道布设了地雷。

8 月 21 日，苏军再次收复哈尔科夫，这是自苏联卫国战争开始以来这个城市的第 4 次也是最后一次易手。次日，苏军近卫坦克第五集团军和第五十三集团军切断了哈尔科夫－佐洛切夫、哈尔科夫－柳博京－波尔塔瓦铁路和哈尔科夫－柳博京公路。傍晚，苏军第五十七集团军推进到哈尔科夫南边的别兹柳多夫卡、康斯坦丁诺夫卡等居民点。第六十九集团军与近卫第七集团军从北面攻打哈尔科夫市。哈尔科夫的德军只剩下一条通往悔列法、克拉斯诺格拉的铁路和一条公路，不断遭到苏军第五集团军飞机的轰炸和扫射。

草原方面军司令员科涅夫在回忆录中叙述了哈尔科夫战役的最后阶段："我可以用足够的兵力切断这条铁路和公路……但在坚固设防的哈尔科夫无法歼灭如此多的敌军，那需要太多的时间和更多的兵力。"

科涅夫决定采取第 2 种方案：把德军赶出哈尔科夫市区，并将其全歼于城外。而对于德军来说，挽救德军覆灭的唯一方法是立即向南撤退。

8 月 22 日下午，德军分批撤出哈尔科夫市。为了彻底打垮德军，科涅夫下达了夜晚攻城的命令。苏军不顾疲劳，不顾危险地发动了大规模攻势。第五十三集团军近卫第八十三师与第一〇七步兵师从西边突入哈尔科夫市区；第六十九集团军和近卫第七集团军从北面和东北突入市区。

此时的德军在哈尔科夫市到处放火，炸毁了几百座工厂和楼房。苏军在火光的照耀下勇猛前进，火焰映红了哈尔科夫市区。苏军迂回德军筑垒阵地，攻入德军防线，包围了其后卫部队。哈尔科夫市的德军进行了疯狂的反攻，继续执行破坏计划。德军设置的地雷、铁丝网、火灾、街道上的阻碍物都无法阻挡苏军的攻势。各路苏军源源不断地涌入市区，火车站、邮局、电报局、大企业一个个被苏军占领。

8 月 23 日 4 时 30 分，苏军第一八三步兵师第二二七步兵团占领哈尔科夫市的捷尔任斯基广场。第二二七步兵团占领一座大楼。苏军沿科洛奇科夫斯卡亚街冲向市中心，在国营工业大楼升起了一面红旗。快天亮时，德军发现已经被包围了，只好向南仓促逃窜，市区丢下近千具尸体。

庞大的坦克军在前线推进

此时的哈尔科夫市到处都在燃烧，许多地方变成了熊熊的火海。火车站地区在不停地爆炸，油罐车炸裂了，上空一片火焰。有些德军弹药库也在爆炸，火蛇飞舞……天亮时，坦克隆隆而过，苏军大部队开始进驻市区。市民们从所有巷口冲过来，道路两旁站满了人。

中午时分，苏军终于将哈尔科夫市内的德军全部歼灭。草原方面军在沃罗涅日方面军和西南方面军的有力支援下完全收复了这座城市。苏联欧洲部分南部最重要的政治、经济、战略中心终于又回到了苏联人民手中，红旗高高飘扬在乌克兰第二首都哈尔科夫上空。莫斯科的 224 门大炮鸣礼炮 20 响。为表彰作战部队，草原方面军的 10 个师被授予"哈尔科夫师"荣誉称号。

至此，库尔斯克会战完全结束。苏军开始了战略总攻和解放左岸乌克兰、顿巴斯的战役。

苏军打赢了库尔斯克会战，预示着苏军即将取得卫国战争的胜利。库尔斯克会战是二战期间最大的会战，双方先后投入兵力 400 多万人、6.9 万多门火炮和迫击炮、1.3 万多辆坦克和自行火炮、1.2 万架飞机。德军在会战中投入的兵力占苏德战场兵力总数的 43% 以上。库尔斯克会战持续了 50 天，德军损失 50 多万人、1500 辆坦克、3700 多架飞机、3000 多门火炮。苏军的损失比德军还大，但是苏联拥有庞大的人力和物力优势，这是德国无法比拟的。

库尔斯克会战标志着德军的没落，使德军彻底地丧失了战略主动权，全面转入防御。库尔斯克会战如同一部宣言书，向全世界宣告：苏军不仅能在冬季作战中取胜，还能在夏季攻势中取胜，彻底粉碎了德国关于苏军不能在夏季胜利的谬论。德军参加库尔斯克会战的 20 个装甲师和摩托化师，其中的 7 个师被全歼，其余几个师遭到重创，这次大战堪称世界战争史中最大的坦克战。

德军在库尔斯克的惨败，是苏联越来越强大的经济、政治和军事实力的证明。当初希特勒准备库尔斯克战役时，把希望寄托在新式坦克和飞机上，他认为德国新式武器比苏联优良。然而，希特勒失算了。苏军的战斗技术装备，其质量超过了德军。

在库尔斯克会战中，苏军投入了大量的坦克和机械化兵团，这些兵团是战役胜利的决定性力量。苏军拥有大量的坦克师、炮兵师和空军集团军，苏军的战斗力比 1941 年提高了很多倍。在会战中，10 万多名苏军士兵、军士、军官和将军因作战勇敢被授予勋章和奖章，180 多人荣获"苏联英雄"称号。

苏军很多部队的军旗上出现了闪闪发光的勋章，132 个兵团和部队荣获"近卫"称号。

德军在库尔斯克会战中的失败对德国人民产生了深远的影响，瓦解了德军的士气。德国各地的反法西斯小组数量猛增，德国共产党广泛开展地下活动，号召人民推翻希特勒政府。库尔斯克会战的失败同时也削弱了纳粹德国对其他轴心国的影响，并使各轴心国的政治状况恶化。纳粹德国在外交上陷入了孤立，中立国纷纷削减对其的原料和材料供应。

通过库尔斯克会战，苏联成为反法西斯的决定性力量，其国际地位日益提高。世界各国人民坚决要求英美尽快在西欧开辟第二战场。库尔斯克会战的胜利对英美两国决心在欧洲开辟第二战场起到了一定的推动作用。德占区各国人民增强了战胜法西斯的信心，在各国共产党的领导下，许多人参加了斗争。

◎ 三巨头会面德黑兰

苏联最高统帅部掌握了德军的 1943 年夏季计划后，利用防御战消耗削弱了德军，并转入反攻。苏军在库尔斯克的防御战中经受住了考验。会战期间，苏军掌握了纵深梯次配置防御的宝贵经验，丰富了灵活机动作战的经验。苏军在库尔斯克附近成功地实施了战略反攻，解决了从防御转入进攻这一复杂的难题。苏军最高统帅部巧妙组织各方面军的协同作战，把预备队从前线地段调往其他地段。在库尔斯克会战中，苏军的火炮达到了空前的战役密度，并且成功地投入了反坦克炮兵预备队。

苏军装甲和机械化部队执行了最复杂的和多样化的任务。在防御战中，苏军的特点是进行纵深梯次配置。第二梯队往往配置独立坦克团、自行火炮团、独立坦克旅，它们是快速预备队。他们的任务是对突入的德军发动反攻或坚守防御阵地，这样就大大提高了苏军防线的稳定性。

在防御战中，苏军坦克兵采取原地射击、掩体射击、设伏射击、反冲击等方法，重创了进攻中的德军坦克。同时，苏军掌握了大量集中使用坦克的战法，这是其将战术胜利发展为战役胜利的重要手段。在这次会战中，苏军首次使用了完全由快速部队组成的坦克集团军。

在会战中，苏军还投入大量的航空兵，掌握了整个苏德战场的战略制空权，并保持到第二次世界大战结束。另外，苏联国土防空军、工程兵部队、通信兵和大后方在夺取胜利中的功劳是不可磨灭的。后勤人员在极为困难的条件下保障了部队作战的必需品。他们从后方用铁路运给各方面军140000车厢的弹药、燃油、粮食和其他物资。空中运输也向各方面军输送了大量急需物资。

苏军各民族战士在艰苦的作战中狠狠地打击了德军。在会战的最艰苦时刻，各民族人民肩并肩地保卫苏联，体现了集体主义和爱国主义，使全世界人民免遭法西斯的奴役。法国历史学家康斯坦丁认为，库尔斯克会战是第二次世界大战最大的战役之一，以德军的空前惨败而结束，这影响了世界反法西斯整个进程。

苏军为赢得库尔斯克会战的胜利付出了巨大的牺牲，胜利靠的是苏军的英雄主义和战斗精神。全世界各国人民高度赞扬了奥廖尔、库尔斯克、布良斯克、别尔哥罗德和哈尔科夫各州人民的历史功绩。为表彰各州人民在会战期间所做出的贡献，以及在战后恢复中取得的成就，这些州的许多劳动者被授予苏联的勋章和奖章，一些人还荣获"社会主义劳动英雄"称号。

8月底，面对强大的苏联红军，德军第一装甲集团军和第九集团军开始大规模撤退。在苏军日益强大的同时，德军越来越虚弱。由于希特勒拒绝让暴露在苏军火力下的德军部队及时撤退，因此它们遭受了巨大的损失。

9 月 23 日，苏军的一支先遣队攻占了第聂伯河对岸的维利基布克林的一座桥头堡。之后几天，苏军西方面军（后改称乌克兰第四方面军）在亚速海岸线上的美利托波尔向德军 A 集团军群发动攻击。

10 月 20 日，苏军西南方面军改番号为乌克兰第三方面军。

10 月 25 日，苏军推进到彼列科普，将德军第十七集团军堵在了克里米亚。当这些行动展开时，科涅夫指挥草原方面军（后改称乌克兰第二方面军）从第聂伯罗彼得罗夫斯克与克留缅丘格之间的第聂伯河段以西的桥头堡阵地发起攻击。

10 月 18 日，草原方面军先头部队迅速向东南推进，目标是克里沃伊罗格，此地是尼科波尔与扎波罗日耶通向东方的必经之路。然而，曼施坦因很快就做出了反应，命令第四十装甲军阻击苏军危险的推进。

10 月 27 日，德军第四十装甲军袭击了力量分散的苏军草原方面军先头部队，对两个苏联机械化军造成了重创。

11 月 3 日，沃罗涅日方面军从第聂伯河上的柳贴日桥头堡发起突击，在 48 小时内便解放了基辅，迫使曼施坦因不得不迅速将第四十八装甲军调至别尔季切夫对付苏军装甲部队，以阻止其从基辅向西南推进。

同一天，希特勒签发了第 51 号作战指令。希特勒在指令中明确指出："过去两年半同布尔什维主义进行的艰苦卓绝、损失严重的战斗，耗去了我们的主要军事力量和最大的精力。这就是目前的危险和整个的形势。在这期间，整个形势发生了变化。在东线危险依然存在，但是在西线出现了更大的危险：盎格鲁－撒克逊人登陆了！在东线，由于空间辽阔，在万不得已时，可能丧失较大量的土地，但不致对德国构成致命的威胁。西线则不同，如果敌人在宽大的正面突破了我们的防御，那么在短时间内后果将会不堪设想。各种迹象表明，德国人最迟在春季可能对欧洲的西部防线发起进攻。因此，我不能够为了增援其他战场而继续削弱西线。我决定加强西线的防御力量，尤其应加强我们即将开始对英国实施远距离战斗的那些地方的防御力量。如果我没有完全判断错的话，敌人将在那些地方进行决定性的登陆战役。"

11月22日，德军第四十八装甲军向东突进了130公里，夺回了日托米尔，并打退了力量分散的苏军近卫第三坦克集团军。然而，德军这种得益于恶劣天气的胜利只能暂缓而不能阻止苏军继续推进的步伐。

11月28日，是个星期天，上午10时，苏军4架运输机在战斗机群的护卫下将苏联最高统帅斯大林送往伊朗首都德黑兰与英国首相丘吉尔和美国总统罗斯福会晤，商讨反法西斯作战的整体战略问题，这是三巨头的首次会晤。

在过去的4个月里，苏联红军成功阻止了德军的库尔斯克攻势，并在从苏联中部到黑海之间的广大区域同时作战，于9月25日夺回了斯摩棱斯克，11月6日渡过第聂伯河，将德军赶出了基辅。此时，在某些战区，红军距离苏联1941年的西部边界仅有161公里。这时，斯大林敏锐地意识到，丘吉尔不愿看到波兰与巴尔干各国的纳粹政府被共产主义取代，他几乎可以确信丘吉尔在有意拖延开辟第二战场，以便让德国集中力量对付苏联。

在第2天举行的会议上，斯大林接受了丘吉尔和罗斯福对苏联取得的胜利给予的祝贺，并提醒他们德军正在迅速恢复元气。此时，德军炮弹正落向列宁格勒，苏军在乌克兰发起反攻，并且夺回了基辅以西的日托米尔，但是强大的德国军队仍然占据着基辅南部第聂伯河西岸的部分区域并控制着克里米亚。简而言之，除非英美盟军能够很快在西线发动攻势，否则1944年春季德军极有可能再次在东线发动进攻。斯大林暗示，假如英美盟军到 1944 年春天还不能兑现开辟第二战场的诺言的话，一旦苏联领土全部解放，苏联将与德国达成和解。

此时的苏联已经顶住了德军两年半的疯狂攻击，斯大林认为如果再不开辟第二战场，德军无疑会在 1944 年春天卷土重来。

会议在讨论对德作战问题上出现了很大分歧，争论主要在斯大林和丘吉尔之间展开，而罗斯福则以调停者的姿态出现。丘吉尔以各种借口继续拖延第二战场的开辟，振振有词地为他的巴尔干方案辩解。

会议还就战后世界安排问题进行了磋商。关于战后德国的处置问题和波兰边界问题，没有达成具体协议。丘吉尔和罗斯福主张分割德国，罗斯福主张将德国一分为五，丘吉尔则主张将德国东南部与别的国家合并组成联邦。苏联的态度比较慎重，斯大林认为摧毁的不是德国，而是希特勒的纳粹势力。这位苏联领导人主张必须彻底肃清普鲁士的军国主义势力。对于这一问题，三巨头没有讨论出什么结果来。

最终，会议达成了如下协议：

1. 进攻西欧的"霸王"战役和进攻法国南部的战役于 1944 年 5 月同时发动，登陆兵力达 100 万人。

2. 苏联承诺在同一时刻向德军发动进攻，以配合盟军西线的行动。

3. 关于对日作战问题，苏联初步同意在欧洲战争结束后半年左右对日作战。作为交换，苏军可以进入中国不冻港大连，大连可以在国际监督下成为自由港。苏联的这个要求并未经过中国政府的批准，这显然损害了中国人民的利益。

会议签署了 3 个文件，即《苏美英三国德黑兰宣言》《苏美英三国德黑兰协定》及《苏美英三国关于伊朗的宣言》。苏、美、英三巨头表示今后将共同协作，"全心全意抱着消除暴政和奴役、迫害和压制的真诚"。

◎ 在运动中围歼

进入 12 月份，对苏联最高统帅斯大林来说，一切事情似乎变得明朗起来。德黑兰会议上，他得到丘吉尔和罗斯福的保证：英美盟军最迟在 1944 年春天进入西欧，这就是说希特勒无法再向苏联战场调派兵力。这个保证相当重要，因为苏联对轴心国人数上的优势（560 万对 490 万）还不能算作压倒性的优势。另外，尽管苏军比德军拥有更多的战略资源（坦克 5600 辆对 5400 辆，火炮与迫击炮 83000 门对 54000 门，飞机 8800 架对 3000 架），但这种优势远不如 1941 年 6 月 22 日时那样明显，只是苏军经过战争磨练后，军事人才远胜过去，而德国则恰恰相反。苏军总计有 480 个师（每师大约 6000 人），35 个机械化师，46 个坦克旅，80 个炮兵师，编成 70 个独立的集团军，集团军又被编成 12 个方面军（也称作"集团军群"）。苏联铁路部队的非凡组织工作使成千上万辆 10 吨级的美国斯蒂倍克牌卡车能够及时运抵前线，于是这些师、集团军、方面军就拥有了远胜对手的机动能力。此外，德军将他们的力量部署在易被孤立的突出部，分散在从黑海到波罗的海蜿蜒 2574 公里的战线上，这无形中帮了苏军的大忙。

12 月 4 日，苏联最高统帅部大本营完成了冬季攻势的准备工作，主要攻击点选在列宁格勒与西乌克兰战线的外围。为了保持进攻的节奏，大本营为每 5 个步兵集团军、2 个坦克集团军和 9 个装甲军配备一支预备队，这虽然会削弱突破时的前线力量，但是更有利于纵深突破的展开。

12 月 5 日，希特勒紧急下达了第 22 号基本指令，要求将 100 万后方人员送上战场，并组建若干宪兵营，他们的任务是突击检查毫无戒备的后勤与行政部门，强行征兵并将他们送上前线。

12 月 24 日，瓦图丁指挥乌克兰第一方面军按照预订计划，从基辅以西向驻扎在日托米尔地区的德军南方集团军群的前沿阵地进行了 50 分钟的猛烈炮击。乌克兰第一方面军突击师毫不费力地撕破了德军脆弱的防线。当晚，苏军的装甲部队即从初始阵地向前推进了 32 公里，次日的大雨延缓了苏军坦克的推进速度。

1944 年 1 月 5 日，乌克兰第一方面军切断了德军中央集团军群同南方集团军群的主要铁路联系。这次战斗的结果是乌克兰第一方面军把德军防线撕开了一个 241 公里宽、80 公里深的大口子。

1 月 7 日上午，乌克兰第二方面军的先头部队突破了德军 A 集团军群的阵地，到达基洛夫格勒市郊。苏联最高统帅部大本营的意图是乌克兰第二和第一方面军合兵一处，向布格河前进。然而，在科尔孙－舍甫琴科夫斯基突出部战区，德军第一装甲师在山上挖了许多战壕，对乌克兰第二方面军右翼与乌克兰第一方面军左翼构成了严重威胁，部队如果不暴露交通线进行出击，就无法前进。接下来的两个星期里，乌克兰第一方面军司令员瓦图丁与乌克兰第二方面军司令员科涅夫把配备有 4000 门大炮和 370 辆坦克的 27 个步兵师、4 个集团军与 1 个机械化军部署在这一突出部的谷地上。

百姓在挖战壕

1 月 10 日，马利诺夫斯基指挥乌克兰第三方面军开始向库尔斯克突出部的北端发动进攻。乌克兰第三方面军 80 辆坦克在 450 门大炮和火箭炮的掩护下，突入德军防线近 8 公里。此时，本应紧跟坦克的 9 个步兵师却落在了后面，使德军的两个装甲师较为轻松地包围了苏军的装甲部队并将之歼灭。马利诺夫斯基投入大量步兵部队攻击德军第六集团军的北翼，迫使其后撤 8 公里。

1 月 13 日，托尔布欣指挥乌克兰第四方面军向库尔斯克突出部的南端发动进攻，但仅仅突破了德军第六集团军坚固的防线几百米，进攻被迫取消。由于德军第六集团军以强悍的防守迫使苏军取消了进攻计划，德军 A 集团军群总司令克莱斯特便在 1 月的后两个星期里把 4 个师调到了其他防区。然而，此时苏联最高统帅部大本营却加强了乌克兰第三方面军的兵力，并使德军相信，苏军正在准备攻击克里米亚的德军第十七集团军。到月底，德军第六集团军只留下了 20 个师，平均每个师仅有 2500 人；苏军在此地却集结了 51 个步兵师、2 个机械化军、2 个坦克军和 6 个坦克旅。

1 月 24 日拂晓，经过大规模的火炮轰击后，科涅夫指挥乌克兰第二方面军向西北方向推进，越过科尔孙－舍甫琴科夫斯基突出部，直逼兹韦尼戈罗德卡镇。

1 月 26 日，瓦图丁指挥乌克兰第一方面军朝东南突击。次日晚，乌克兰第一方面军的先头部队第二十七集团军突破了德军的第 1 道防线。瓦图丁接着把新组建的近卫坦克第六集团军揳入撕开的缺口，命令其全速向兹韦尼戈罗德卡推进。当晚，近卫坦克第六集团军第五机械化军第二三三坦克旅攻入兹韦尼戈罗德卡镇的西郊。该旅全速前进，在穿过一座巨大的德军后勤仓库后与从东南什波拉镇赶来的乌克兰第一方面军的坦克部队会师，从而完成了对德军的两翼包围。此时，科尔孙－舍甫琴科夫斯基突出部变成了科尔孙－舍甫琴科夫斯基口袋，瓦图丁和科涅夫期待着斯大林格勒战役的重演。

乌克兰第一方面军和乌克兰第二方面军将德军第十一集团军和第四十二集团军装进了"科尔孙－舍甫琴科夫斯基口袋"，其中包括 6 个步兵师、2 个党卫军师以及一些辅助部队，共计 56000 人。希特勒拒绝被围德军突围，命令在进行空中补给的同时，由曼施坦因调动装甲部队进入阵地，实施救援。

1 月 29 日，德军第一架补给飞机降落在科尔孙附近，但是浓雾和大雪增加了飞行的难度，而 2 月初的一股暖流又把跑道变成了泥沼。截至 2 月 2 日，德国空军损失了 44 架飞机，一些是被苏联的高射炮或战斗机击落的，但更多的则是在着陆或起飞事故中损失的。德国工兵和乌克兰辅助人员在科尔孙附近一处地势较高、比较干燥的地方匆忙修筑了另一条跑道。首架"容克"52 运输机于 2 月 9 日在这里降落，此后平均每天运进 140 吨弹药，并运出伤员。这次大规模空中补给总共运进了多达 2000 吨的补给品，其中包括 1300 吨弹药，同时运出 2188 名伤员。德军该项行动比起一年前补给斯大林格勒有了很大的进步。

1 月 30 日，乌克兰第三方面军开始向德军第六集团军发起猛烈进攻。一小时内，苏军将 3 万发炮弹倾泻到第六集团军北翼 6 公里宽的阵地上。然而，苏军步兵遭到德军猛烈的炮火反击，战斗队形被打散。苏军做好了承受巨大伤亡的准备，顶住了德军的反扑。与此同时，苏军乌克兰第四方面军则深深地揳入库尔斯克突出部的南端。

2 月 2 日，苏军乌克兰第四方面军越过尼科波尔通向西部的铁路线。18 时 45 分，德国陆军参谋总长蔡茨勒签署命令，允许第六集团军分阶段撤退到尼科波尔以西的新的阵地。

2 月 4 日，德军南方集团军群总司令曼施坦因命令第三和第四十七装甲集团军展开救援行动。起初几个小时的进攻十分顺利。然而到了夜间，从地中海吹来的一股暖流到达乌克兰，给苏联南部带去了记忆中最温暖的冬天。

2 月 5 日清晨，气温回升到 15℃，道路变得一片泥泞。德国的装甲部队只能像蛇一样在泥泞的地面上曲折前进，从而消耗掉了大量的燃油。德军坦克兵不得不光着脚跳入没膝的泥浆，从陷在泥浆里的油料车上搬运燃油。苏军也遇到了同样的问题，但是他们可以利用缴获的德军燃料，并且沿着第聂伯河北岸成功地修复了斯梅拉至基辅的铁路。由于德军越来越虚弱；苏军越来越强大，德军的第一次解围于 2 月 7 日不得不宣告失败。

这一天，苏军乌克兰第三方面军的两个师攻占了尼科波尔西面的交通枢纽阿波斯托洛沃，对德军第六集团军形成了包围，从而加速了德军的撤退。

◎ 猛兽变成了羊群

2月6日，希特勒终于同意被围的德军第十一集团军突围，但是此刻他们面临着苏军强大的兵力。由于德国空军把重点转移到了保护空中运输线上，苏联的强击机可以随心所欲地飞入包围圈，扫射可能出现的目标。德军被围部队处在苏军大炮的射程之内，苏联人通过使用心理战，不断增加压力。飞机撒下成千上万份传单，一面标有被围部队深处绝境的地图，一面用德文书写的通行证，上面保证对投降者给予人道待遇，并将在战后早日遣送回国。苏军还在包围圈周围的山上架起了高音喇叭，里面传出各种许诺和威胁。打着白旗的苏军信使送来了被俘的德国将军写给他们所认识的同行的信，极力保证他们在战俘营里接受到与他们自己同样的待遇。

2月8日晚，苏军乌克兰第四方面军的第六集团军从北面攻入尼科波尔，经过一夜的激战肃清了城内的德军。此刻，尼科波尔的德军第六集团军只能向西撤退，那里有一片沿第聂伯河北岸的狭长沼泽地，苏联的坦克在此无法行动。与科尔孙包围圈里遭遇巨大灾难的德军第十一集团军不同的是，被包围在尼科波尔的德第六集团军是有条不紊撤退的。由于德军尼科波尔坚固的防线被苏军彻底摧毁，库尔斯克突出部的德军开始向克里沃罗格工业区集结，该城在 1941 年被德军侵占。

苏联最高统帅部大本营非常关注乌克兰第三方面军能否以尽可能小的代价收复克里沃罗格，也就是说阻止德国的工兵对那里进行破坏。于是，乌克兰第三方面军司令员马利诺夫斯基命令成立了一支由陆军上校施鲁波夫领导的特种部队，这也是战后苏联特种部队的雏形。施鲁波夫的特种部队渗入德军防线，沿着斯克萨甘河的北岸与众多发电站内的德军工兵展开流动作战。除去个别情况外，特种部队阻止了德军对绝大多数工业区的破坏。

2 月 10 日，在斯大林格勒被俘的德国将军塞德利茨·库尔茨巴克将军，当时任德国军官协会（在苏联创立）会长，代表苏联支持的自由德国委员会发表广播讲话，敦促被围部队投降，保证他们会受到良好的待遇。苏军的所有的努力化成了泡影，德军第十一集团军司令施特默尔曼决心死战到底，决不投降。施特默尔曼以"维京"师作掩护，用了几天的时间把他的部队从东面和东北面撤了回来，并开始向西南进攻苏军包围圈的外线——格涅洛伊尔蒂基什河上的布山卡重镇和该河附近的卢斯扬卡镇，这是距包围圈的最近路线。

解围的德军以精锐的第一装甲师为先锋，夺取了布山卡镇，次日晚又夺取了卢斯扬卡镇的部分地区。此时，苏联最高统帅部大本营的气氛开始变得紧张起来。

2 月 12 日午夜，斯大林给乌克兰第二方面军司令员科涅夫打电话愤怒地质问关于德军突围的问题。后来，科涅夫在回忆录中谈到了跟斯大林的通话：

"斯大林同志非常生气，他说，我们早就向全世界宣布，大量德国部队被包围在科尔孙－舍甫琴科夫斯基地区，可是现在大本营却得到情报，被围的德军已经突破了第二十七集团军的阵地，正在向他们的战线撤退。'对于邻近战线的战局形势，你到底知道些什么？'斯大林质问我。从他那尖锐的语气中，我觉察到了最高统帅发出的警告……我只能回答：'不必担心，斯大林同志，被围的敌人不会逃脱。'"

科涅夫下令用地雷和其他障碍物阻止德国坦克向前推进，以加强整个地区的反坦克防御。此外，科涅夫命令部队发动大规模的进攻，德军的行动陷入了停顿，但是有一支德国部队进行了强悍的反击。这支混合战斗队是由贝克上校指挥、以"虎"式坦克为主力的第五〇六营，他们成功地摧毁数倍于己的 T-34 坦克。在过去的 3 周里，第五〇六营不可思议地消灭了 400 辆苏军坦克，攻陷了一连串苏军阵地，但是其自身也遭到了巨大损失。当第五〇六营夺取了被围地区的制高点、239 号山附近的齐辛茨伊时，只剩下 6 辆作战坦克。贝克坚持作战长达几个小时，直至被苏军近卫坦克第五军击溃。

2 月 16 日 23 时，德军第十一集团军的第 1 批部队开始了向卢斯扬卡突围了，他们已无路可退。前一天，他们吃完了最后一块面包，喝光了最后一瓶烈酒，摧毁了全部的重型装备。长时间的炮击并未引起苏军的多大警惕，端着刺刀的德军士兵趁大部分苏军还在熟睡时，悄然抵达了苏军阵地。因此，大多数德军突围了出去，有些部队的突围很有传奇色彩。比如，第七十二师的德军士兵化装成苏联红军，带着那种必须让他们通过的威严，骗过了红军士兵，从大群坦克中间冲了过去。

10 分钟后，德军第十一集团军的第 2 批部队开始突围。但是由于受到马车、履带牵引车以及自行火炮的拖累，突围速度很慢。大约在东南 2 公里处，许多车辆在很深的沟渠里抛锚而不得不被放弃，甚至连马车也陷入了积雪和泥浆里。部队只能向西南方向步行前进，但是遭到了 239 号山上苏军的猛烈阻击。此时的苏军已经完全知晓了德军的企图，正集结越来越多的部队。德军只能向南逃窜，设法脱离 239 号山的射程范围，但是不久就遭到另一支苏军部队同样猛烈的阻击。第十一集团军司令施默特尔曼一直坚守在阵地上，掩护部队撤出后才加入撤退的行列。在一片混乱中，施默特尔曼很快便与司令部失去了联系。人们最后一次看到他是在一辆装甲车上，这辆车被一发苏军炮弹炸得粉碎。由于指挥官的阵亡，失控的德军成了惊慌失措的乌合之众，跌跌撞撞地向格涅洛伊蒂基什河方向溃逃。

2 月 17 日 11 时，德军第一批官兵到达格涅洛伊蒂基什河东岸，但是横在他们面前的不是缓缓的小溪，而是一条覆满冰雪，30 米宽、2 米深的刺骨河流。因为要避开 239 号山苏军的射程范围，德军突围部队的渡河点比原计划的卢斯扬卡镇向南偏了 3 公里，德军第一装甲师的工兵已经搭起了一座浮桥。会游泳的士兵和不会游泳的士兵分成了两组，后者被湍急的河水卷向下游，沉入了水底；一些人试图骑马过河，也被卷走。

这时，苏军坦克部队追了上来，德军犹如惊慌逃窜的羊群，纷纷跳入河里。数不清的人被河水卷走，淹死，到达对岸的德军被苏军的迫击炮和大炮打成了碎片。

德军第一装甲师听到枪炮声后，迅速向南转移，却惊讶地看到成千上万的士兵溃不成军地向西北逃窜。他们一个个惊慌失措，没有武器，没有装备，许多人甚至没有鞋子。无论军官还是士兵，都拒绝留下帮助他们的同伴战斗，很多人躺在河岸上，受伤呻吟或是被淹死。在 56000 名被困部队里，大约有 30000 人突围出去。

事后，纳粹德国宣传部长戈培尔竭力把科尔孙突围描绘成一场伟大的胜利，一个德国版本的敦刻尔克大撤退。然而，南方集团军群总司令曼施坦因知道，除了党卫军部队仍然充满斗志外，其余逃出来的幸存者都不适合立即执行作战任务，他们必须送回波兰休息、恢复和训练。

2 月 22 日，乌克兰第三方面军司令员马利诺夫斯基收到了最高统帅斯大林的命令，要求他当天收复克里沃罗格。驻扎在库尔斯克突出部西北面由沙罗欣将军指挥的苏军第三十七集团军距离该城的德军阵地最近。接到马利诺夫斯基简短的命令后，沙罗欣组织了大群 T-34 坦克，搭载着步兵，以典型的苏军进攻方式渡过了斯克萨甘河，攻入该城的西北近郊，将残余的德军迅速击退。下午 4 时，沙罗欣向马利诺夫斯基报告，已经收复克里沃罗格，所有的工业设备均完好无损，这在很大程度上应归功于新组建的特种部队。听到前方的报告，马利诺夫斯基终于松了一口气。

2 月 26 日，苏联政府正式宣布列宁格勒获得解放。就在苏军地面部队逐步肃清盘踞在乌克兰、基辅和列宁格勒等大城市的德军的同时，最高统帅部制订出了 1944 年的夏秋攻势计划。6 月 22 日，苏军发起"巴格拉季昂"行动，对德军中央集团军群发起总攻。战役结束时，苏军已经抵达东普鲁士边界以及波兰北部和中部，50 多个德国师化为齑粉。这次攻势作战的成功，使得苏军能够持续对德军发动战略性进攻。在彻底歼灭苏联境内的德军后，苏军继续进攻盘踞在巴尔干半岛和其他地方的德军。接下来，苏联钢铁大军的目标将是横扫柏林。